ADOLPHE JOANNE

GÉOGRAPHIE

DE

SEINE-ET-OISE

25 gravures et une carte

HACHETTE ET CIE

GÉOGRAPHIE

DU DÉPARTEMENT

DE

SEINE-ET-OISE

AVEC UNE CARTE COLORIÉE ET 25 GRAVURES

PAR

ADOLPHE JOANNE

AUTEUR DU DICTIONNAIRE GÉOGRAPHIQUE ET DE L'ITINÉRAIRE
GÉNÉRAL DE LA FRANCE

PARIS

LIBRAIRIE HACHETTE ET Cie

79, BOULEVARD SAINT-GERMAIN

1874

TABLE DES MATIÈRES

PARIS. — IMP. SIMON RAÇON ET COMP., RUE D'ERFURTH, 1.

GÉOGRAPHIES DÉPARTEMENTALES

ÉLÉMENTAIRES

INTRODUCTION

L'étude géographique d'un département français doit, d'après les programmes officiels, commencer par l'étude de la commune où se trouve située l'école.

Chaque instituteur apprendra donc avant tout à ses élèves non-seulement ce qu'est une commune sous les rapports politique et administratif, mais quelles sont la situation, l'étendue, l'altitude ou élévation au-dessus du niveau de la mer, les divisions, les cultures, les industries, les transactions commerciales, les curiosités naturelles, archéologiques et artistiques de la commune dans laquelle il exerce ses fonctions.

Au point de vue politique et administratif, une **commune** est une fraction du territoire comprenant soit une ville, soit un ou plusieurs villages, hameaux ou écarts, et administrée par un maire, des adjoints et un conseil municipal.

Avant la fatale guerre de 1870, si imprudemment engagée et si malheureusement conduite, la France comptait 37,548 communes. Les traités de paix des 26 février et 10 mai 1871 et la convention additionnelle du 12 octobre suivant lui en ont fait perdre 1,689 ; il ne lui en resterait donc que 35,859, mais plus de 140 sections ayant été érigées en municipalités distinctes, le nombre total actuel (1874) dépasse 36,000.

Un certain nombre de communes réunies (en général 10) forment un **canton**, dont le chef-lieu, où ont lieu tous les ans les opérations du recrutement, possède une *justice de paix*.

Avant la guerre de 1870, la France comptait 2,941 cantons. Les traités ci-dessus mentionnés lui en ont fait perdre 97. Mais, comme

8 nouveaux cantons ont été créés, le nombre total est actuellement de 2,852 (2857 en y comprenant des fractions de cantons cédés).

Un certain nombre de cantons réunis (8 en moyenne) forment un **arrondissement** dont le chef-lieu est le siége d'une sous-préfecture, à l'exception de celui qui, comprenant le chef-lieu du département, est le siége de la préfecture, d'un conseil d'arrondissement et d'un *tribunal de première instance*, jugeant à la fois *civilement*, c'est-à-dire les procès entre citoyens dans les cas déterminés par la loi, et *correctionnellement* les individus prévenus de délits qui n'entraînent pas des peines afflictives ou infamantes.

Avant la guerre de 1870, la France comptait 373 arrondissements; elle en a perdu 14 : il ne lui en reste donc plus que 359 (362 y compris les arrondissements de Belfort, Saint-Dié et Barr, qui, bien que morcelés, ont conservé leur autonomie).

Un certain nombre d'arrondissements (3 ou 4 en moyenne) forment un **département** qui, administré par un préfet, un conseil général et un conseil de préfecture (tribunal administratif) est la résidence des chefs de services des administrations militaires, financières, postales, universitaires, des travaux publics, etc. Un certain nombre de chefs-lieux des départements sont en outre le siége d'archevêchés (17) et d'évêchés (67), de cours d'appel (26), et de cours d'assises et d'académies (16).

Avant la guerre de 1870, la France comptait 89 départements. Elle en a perdu 4 dont 1 seulement (le Bas-Rhin), cédé entièrement à la Prusse; il ne lui en reste donc que 85 (87 y compris le département de Meurthe-et-Moselle, formé des parties restées françaises des anciens départements de la Meurthe et de la Moselle, et le territoire de Belfort).

Le chef-lieu du département de la Seine, Paris, est en même temps le chef-lieu ou la capitale de la France.

Ces notions générales rappelées à ses élèves, l'instituteur qui, dans la première année « a dû se borner à quelques notions sur le pays où se trouve située son école, » expliquera, selon le programme officiel, ce que c'est qu'une carte, et ce que sont les points cardinaux; il expliquera ensuite sur la carte du département et sur celle de la France les principaux termes de la nomenclature géographique; enfin il étudiera le département en commençant par la commune, puis en passant de la commune au canton et du canton à l'arrondissement. Les éléments principaux de cette étude se trouvent réunis dans la Géographie ci-jointe, ainsi que le montre la table méthodique des matières :

Les détails géographiques, administratifs, archéologiques et statistiques qui n'ont pas trouvé place dans cette géographie abrégée et spéciale sont réunis dans le *Dictionnaire de la France* par Adolphe Joanne [1], dont toutes les bibliothèques communales devraient posséder un exemplaire.

Pour faciliter aux instituteurs l'étude préliminaire de la commune où il exerce ses fonctions, c'est-à-dire l'explication d'une carte, des points cardinaux et des principaux termes de la nomenclature géographique, nous reproduisons ici, d'après la *Géographie élémentaire des cinq parties du monde* publiée par M. Cortambert, une rose des vents, une boussole, la carte des environs d'un collége et une carte des principaux termes géographiques, avec les explications qui les accompagnent.

Le côté de l'horizon où le soleil semble se lever, ou plutôt où il se trouve à 6 heures du matin, s'appelle *est, levant* ou *orient.* — Celui où il semble se coucher (c'est-à-dire où il se trouve à 6 heures du soir) est *l'ouest, couchant* ou *occident.* — Le *sud* ou *midi,* appelé aussi point *austral* ou *méridional,* est dans la direction où nous voyons, en France, le Soleil à midi. — Le *nord* ou *septentrion,* nommé aussi point *boréal* ou *septentrional,* est à l'opposé, et se reconnaît par les groupes d'étoiles de la *Grande Ourse* et de la *Petite Ourse,* situés de ce côté. — Ce sont les quatre *points cardinaux.* On les désigne ordinairement par ces abréviations : N., S., E. O.

Il y a quatre *points collatéraux :* le *nord-est,* entre le nord et

[1] *Dictionnaire géographique, administratif, postal, statistique, archéologique, etc. de la France, de l'Algérie et des Colonies,* par Adolphe Joanne, 2ᵉ édition, entièrement revisée et considérablement augmentée. Un volume grand in-8 de 2700 pages à 2 colonnes, broché, 25 fr.; cartonné, 28 fr. 25 c.; relié en demi-chagrin, 50 fr.

l'est; — le *nord-ouest*, entre le nord et l'ouest; — le *sud-est* entre le sud et l'est; — le *sud-ouest*, entre le sud et l'ouest.

Les points cardinaux et les points collatéraux forment ce qu'on appelle la *rose des vents*.

S'orienter, c'est retrouver les points cardinaux et collatéraux. Pendant le jour, il est facile de le faire au moyen du Soleil, qu'on voit à l'est à six heures du matin, au sud à midi, à l'ouest à six heures du soir, au sud-est à neuf heures du matin, au sud-ouest à trois heures du soir.

La nuit, on peut avoir recours à l'étoile Polaire, située au nord, dans la Petite Ourse.

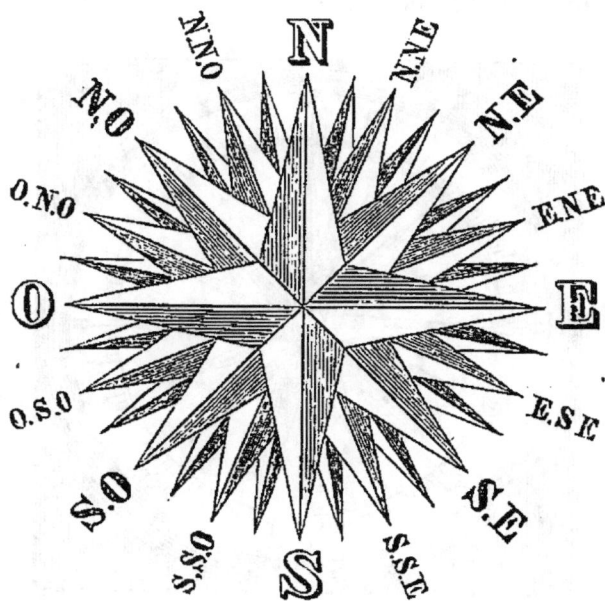

Rose des vents.

On se sert aussi de la *boussole*, petit instrument dont la pièce principale est une aiguille aimantée, suspendue sur un pivot, où elle tourne librement, car cette aiguille a la propriété de diriger l'une de ses pointes au nord et l'autre au sud.

Sur les dessins nommés *cartes*, qui représentent la Terre ou quelques-unes de ses parties, on a coutume de placer le nord en haut, le sud en bas, l'est à droite et l'ouest à gauche.

Il y a, sur la Terre, des terres et des eaux. Les plus grands espaces de terre sont les continents.

Les *îles* sont des terres moins grandes, entourées d'eau de tous côtés.

Plusieurs îles rapprochées les unes des autres forment un *groupe d'îles.* — Quand il y en a un très-grand nombre, cette réunion se nomme *archipel.*

Les *presqu'îles* ou *péninsules* sont des espaces de terres environnés d'eau *presque* de tous côtés.

Un *isthme* est un espace resserré entre deux masses d'eau.

Les *côtes* sont les bords des continents et des îles.

Les *caps*, les *pointes* et les *promontoires* sont les avancements des côtes.

Les *plaines* sont de grands espaces de terrain plat.

Un *champ* est un terrain ordinairement cultivé en céréales, en pommes de terre et en d'autres plantes propres à l'alimentation des hommes ou à leurs vêtements.

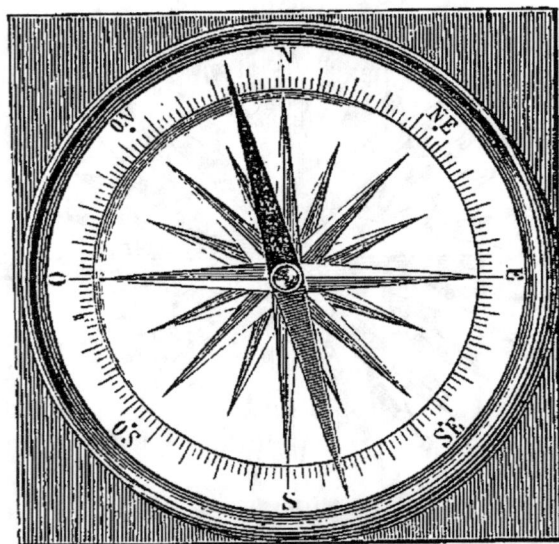

Boussole.

Un *pré* ou une *prairie naturelle* est un terrain couvert constamment d'herbes destinées à la nourriture des animaux.

Les *prairies artificielles* sont formées de plantes à fourrages qui n'occupent que momentanément des terrains où l'on cultive ensuite des céréales, des pommes de terre, etc.

Un *bois* est une assez grande réunion d'arbres.

Une *forêt* est une très-grande réunion d'arbres.

Les *déserts* et les *landes* sont des plaines arides. On appelle *oasis* les petits espaces fertiles qui s'y trouvent.

Les *monts* et les *montagnes* sont de grandes hauteurs; les *collines*, les *monticules*, les *buttes* sont moins élevées. — On appelle souvent *côte* le penchant d'une hauteur et quelquefois la hauteur tout entière.—Les *dunes* sont les collines sablonneuses des bords de la mer.

Le *sommet* est le point le plus élevé d'une montagne; le *pied* en est la partie la plus basse.

Une *chaîne de montagnes* est formée de plusieurs montagnes réunies les unes aux autres.

On nomme *plateaux* des territoires élevés et plats, souvent entourés ou couronnés de montagnes, et quelquefois formant le sommets de certaines montagnes.

Les penchants d'une montagne ou d'une chaîne de montagne s'appellent *flancs*, *revers* ou *versants*. On appelle aussi *versant* tout un grand territoire incliné vers telle ou telle mer.

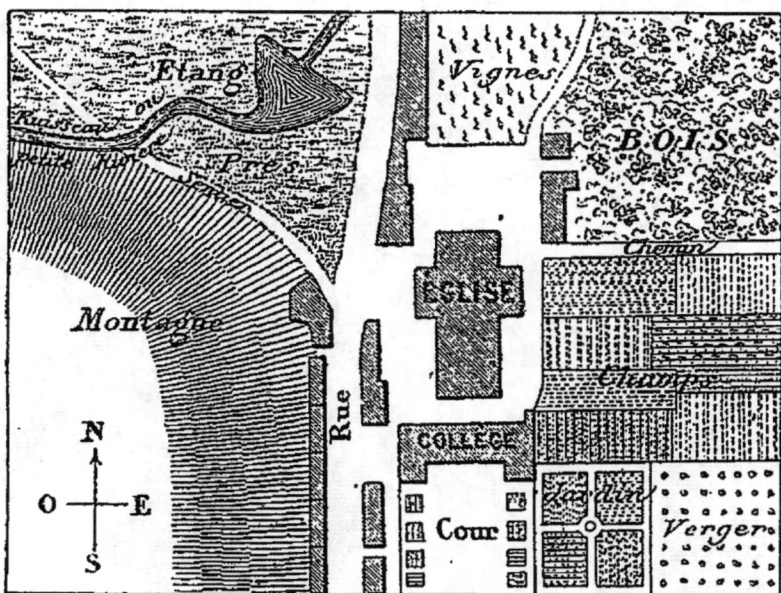

Modèle d'une carte, environs d'un collége (au 2000*).

Un *défilé* ou *col* est un passage étroit entre deux sommets de montagnes ou entre une montagne et la mer.

Les *vallées* et les *vallons* sont des espaces profonds qui se trouvent entre deux montagnes ou entre deux chaînes de montagnes.

Les *glaciers* sont les amas de glace qui couvrent certaines parties des hautes montagnes.

Un *fleuve* est un grand cours d'eau qui va se jeter dans la mer. — Une *rivière* est un cours d'eau qui perd son nom en se joignant à un autre; cependant, quand un cours d'eau qui se rend directement dans la mer n'est pas considérable, il s'appelle *rivière*.

Un *ruisseau* est un très-petit cours d'eau.

Les *torrents* sont des cours d'eau très-rapides et qui, ordinair e ment, n'existent qu'à certaines époques de l'année, aux moments des grandes pluies ou de la fonte des neiges.

La *rive droite* d'un cours d'eau, fleuve, rivière, ruisseau, torrent, etc., est celle que l'on a à sa droite en descendant le lit de ce cours d'eau ; la *rive gauche* est la rive opposée.

La *source* d'un cours d'eau est l'endroit où il commence ; son *embouchure*, celui où il se jette dans la mer. Plusieurs em-

Modèle d'une carte servant à expliquer les principaux termes géographiques.

bouchures s'appellent aussi *bouches*. Le territoire compris entre la mer et les branches d'un fleuve se nomme *delta*.

On nomme *estuaires* les larges embouchures de certains fleuves.

L'endroit où deux cours d'eau se réunissent est un *confluent*.

Les *affluents* d'un cours d'eau sont les divers cours d'eau qu'il reçoit.

Les deux rives d'un cours d'eau s'appellent *rive droite* et *rive gauche*.

Le *bassin* d'un fleuve est le territoire arrosé par ce fleuve et par ses affluents, et entouré d'une ceinture de hauteurs appelée le partage des eaux ou *ligne de faîte*.

Une chute d'eau se nomme *cascade* ou *cataracte*.

Un *canal* est un grand fossé où l'on introduit de l'eau, principalement pour y faire circuler les bateaux.

Les *lagunes* des espèces de lacs placés près des côtes et communiquant avec la mer. On les appelle souvent étangs;

Les *étangs* sont de petits lacs artificiels.

Les *lacs*, de grands amas d'eau placés au milieu des terres;

Les *marais*, des amas d'eau peu profonds situés dans les terres;

Les *mares*, les plus petits amas d'eau.

Les *chemins de fer* et les *routes* composent, avec les canaux et les cours d'eau, les principales *voies de communication* à travers les terres.

La plus grande partie de l'eau répandue sur le globe terrestre forme ce qu'on appelle la *mer*. (La France est entourée par la mer de trois côtés.)

Les *océans* sont les plus grands espaces de mer.

Une *mer* est un espace moins grand qu'un *océan*.

Les *golfes*, les *baies*, les *anses* et les *rades* sont des avancements de mer qui pénètrent dans les terres.

Les *ports* ou *havres* sont des avancements plus petits, propres à servir d'asile aux vaisseaux.

Les *détroits* sont des espaces de mer resserrés entre deux parties de terre. On donne souvent aussi à un détroit le nom de *canal*, ou ceux de *passe*, de *passage*, de *raz*, de *pertuis*, de *chenal*, de *goulet*.

Des rochers placés au milieu de la mer et dangereux pour les navigateurs s'appellent *écueils*, *récifs*, *brisants*.

Les espaces sablonneux, qui se trouvent dans l'eau et qui sont également dangereux, pour la navigation, se nomment *bancs de sable*;

Avec ces notions préliminaires, les dessins et cartes qui les accompagnent, et les renseignements divers contenus dans la géographie ci-jointe, chaque instituteur pourra facilement, selon les prescriptions du programme officiel, «étudier le département en commençant par la commune, puis en passant de la commune au canton, et du canton à l'arrondissement. »

ADOLPHE JOANNE.

DÉPARTEMENT

DE

SEINE-ET-OISE

I

Nom, formation, situation, limites, superficie.

Le département de Seine-et-Oise doit son *nom* au fleuve de la Seine, qui le traverse du sud-est au nord-ouest, en baignant Corbeil, Saint-Germain et Mantes, et à la rivière de l'Oise, qui coule dans sa partie nord et se jette dans la Seine en aval de Conflans.

Il a été *formé* en 1790, d'une partie de l'**Ile-de-France**, une des provinces qui constituaient alors notre pays.

Il est *situé* dans la région septentrionale de la France, et forme autour du département de la Seine une ceinture plus large à l'ouest et au sud qu'à l'est et au nord. Versailles, son chef-lieu, est à 18 kilomètres de Paris par le chemin de fer de la rive gauche.

Il doit à sa configuration une double ligne de *limites*, l'une, intérieure, formée par le département de la Seine, l'autre, extérieure, sur laquelle il est borné au nord par le département de l'Oise, à l'est par celui de Seine-et-Marne, au sud par celui du Loiret, à l'ouest par ceux de l'Eure et d'Eure-et-Loir. Ses limites ne sont naturelles que sur quelques points restreints. A l'ouest de son contour extérieur, l'Epte le sépare du département de l'Eure sur une longueur de 30 kilomètres ; à l'est, l'Yères le sépare de Seine-et-Marne sur 5 kilomètres. Du sud-est au nord-est de son contour intérieur, il est séparé du département de la Seine par la Marne, sur environ 3 kilomètres et par la Seine, entre Villeneuve-Saint-Georges et Choisy-le-Roi, sur environ 1 kilomètre, entre le Bas-Meudon et Suresnes, sur environ 5 kilomètres, et entre Épinay et Chatou sur environ 10 kilomètres.

La *superficie* de Seine-et-Oise est de 560,346 hectares. Sous ce rapport c'est le 60e département de la France : en d'autres termes, 59 sont plus étendus. Sa plus grande *longueur*, du sud-est au nord-ouest, du point où il reçoit l'Essonne à son extrémité nord au-dessus de Saint-Clair-sur-Epte, est d'environ 114 kilomètres ; sa plus grande *largeur*, de l'est à l'ouest, entre le département de Seine-et-Marne, à l'ouest de Ville-Parisis, et celui de l'Eure, à l'est de Villiers-en-Désœuvre, est de 75 kilomètres. Enfin son *pourtour* est d'environ 320 kilomètres, en ne tenant pas compte des sinuosités secondaires.

II

Physionomie générale.

Le département de Seine-et-Oise présente des accidents de terrains nombreux, mais peu importants comme hauteur. Son relief est cependant remarquable en ce que trois étages de plaines s'y succèdent comme par gradins. Dans le sud-ouest, des plateaux étendus atteignent 183 mètres d'altitude maxima (forêt des Quatre-Piliers). Des vallons aux versants escarpés les découpent et des pentes rapides les relient aux plaines du niveau moyen. Celles-ci s'étendent entre la Seine et la Marne, se relèvent vers le nord, atteignent 120 mètres d'altitude et se raccordent sur la rive droite de la Seine et de la Marne, par des pentes insensibles, avec les plaines de l'étage inférieur, dont la surface est plus ondulée. Sur ces dernières plaines s'élèvent des collines isolées, d'une altitude égale ou un peu supérieure à celle des hautes plaines de la rive gauche de la Seine. Tous ces monticules et collines qui se rattachent aux plaines supérieures s'allongent en chaînons sensiblement parallèles, orientés à peu près du sud-est au nord-ouest, c'est-à-dire dans la direction moyenne de la vallée de la Seine. L'extrémité sud du département présente un grand plateau formé par une partie de la Beauce ; au sud-est, un plateau plus restreint tient à la Brie ; au nord-est, un autre plateau, presque dépourvu de bois et de cours d'eau, sépare le bassin de la Seine de celui de l'Oise. Les points culminants au nord de la Seine s'élèvent à 205 mètres (colline d'Arthies), 209 mètres (poteau de Carnelle), et 210 mètres près de Neuilly-en-Vexin.

On compte dans Seine-et-Oise beaucoup de grands bois et quelques forêts de médiocre importance pour la plupart. Le gypse, ou pierre à plâtre, et ses marnes se présentent par grandes masses sur la rive droite de la Seine, la craie et l'argile plastique sur la rive gauche, les meulières sur l'un et l'autre versants, le calcaire grossier ou pierre de taille dans la moitié nord du département, les sables et les grès supérieurs, ou de Fontainebleau, dans le sud, les sables et les grès moyens dans le nord et le nord-ouest, à Beauchamp, etc.

Le département de Seine-et-Oise est, comme aspect, un des plus variés et des plus riants de la France. Au sud et à l'est, commencent les riches plaines de la Beauce et de la Brie ; au sud-ouest l'ancien Hurepoix présente une contrée agreste, sillonnée de jolies rivières, parsemée de bois ou couverte de belles forêts et dont le terrain sablonneux, les rochers pittoresques et les pins toujours verts font une promenade aussi ravissante que peu fréquentée. A l'ouest et à l'est, les charmantes vallées de l'Yvette et de l'Yères sont parsemées de nombreux villages, de châteaux, de maisons de campagne ; au centre du département on parcourt Versailles et les forêts de Marly et de Saint-Germain ; au nord ce sont Montmorency, Enghien avec ses eaux et ses riants alentours, la jolie vallée de l'Oise, les plaines de Gonesse et de Louvres si bien cultivées, Pontoise, l'Isle-Adam, Luzarches et tous ces villages où la culture maraîchère et les ateliers de l'industrie parisienne se partagent la population. Enfin la Seine déploie ses grands méandres dans une large plaine dominée par des collines où abondent les sites et les points de vue remarquables.

III

Cours d'eau.

Les eaux du département de Seine-et-Oise appartiennent presque uniquement au **bassin de la Seine;** en d'autres termes, presque toutes les rivières de ce département se jettent dans la Seine, qui emporte leurs eaux vers la Manche. La Droue, la Vesgre et quelques ruisseaux encore moins importants se jettent dans l'Eure, mais, entre le bassin de cette rivière et celui de la Seine, la ligne de partage est indéterminée à cause de la presque horizontalité des plaines qui les séparent. En estimant approximativement à 40,000 hectares la portion du département qui déverse ses eaux dans l'Eure, il reste pour la superficie du bassin de la Seine, dans Seine-et-Oise, environ 520,000 hectares.

La **Seine** est le second en longueur des fleuves qui appartiennent entièrement à la France. Son cours est de 770 kilomètres et son bassin un des plus grands de notre territoire. Elle prend sa source, à 471 mètres d'altitude, dans le vallon de Douix-de-Seine, arrondissement de Semur (Côte-d'Or), et coule, avec beaucoup de détours, dans une direction moyenne du sud-est au nord-ouest. Avant d'entrer dans le département de Seine-et-Oise, elle a traversé ceux de la Côte-d'Or, de l'Aube et de Seine-et-Marne, arrosant ou côtoyant les villes de Châtillon-sur-Seine, Bar-sur-Seine, Troyes, Nogent-sur-Seine, Montereau, Fontainebleau et Melun. Elle a reçu, à Marcilly, l'Aube, au confluent de laquelle elle devient navigable, l'Yonne à Montereau, le Loing à Saint-Mammès et beaucoup d'autres affluents moins importants.

Port-Marly.

Elle entre dans le département de Seine-et-Oise à 52 mètres environ d'altitude à l'étiage, c'est-à-dire quand ses eaux sont le plus basses, reçoit l'Essonne près de Corbeil qu'elle traverse, l'Orge à Mons, l'Yères à Villeneuve-Saint-Georges, sépare sur une longueur d'environ 1 kilomètre les départements de Seine-et-Oise et de la Seine, puis entre dans ce dernier, en amont de Choisy-le-Roi (27 mètres d'altitude), après un premier parcours de 29 kilomètres dans Seine-et-Oise. Elle reçoit la Marne à Charenton, traverse Paris, sort du département de la Seine au Bas-Meudon, le limite quelque temps, puis y rentre en amont de Suresnes et le quitte définitivement en aval d'Épinay, mais en lui servant de limite jusque près de Chatou. A partir du Bas-Meudon le fleuve décrit de vastes sinuosités, coulant alternativement vers le nord-est et vers le sud-ouest dans une direction moyenne du sud-est au nord-ouest. Il passe à Argenteuil (21 mètres d'altitude), à Bezons ($20^m,72$), à Marly-la-Machine ($19^m,86$), au Pecq ($18^m,57$), à Conflans-Sainte-Honorine ($17^m,64$), en aval duquel il reçoit l'Oise, à Poissy (17 mètres), à Triel ($15^m,79$), à Meulan (14 mètres), à Mantes ($12^m,91$), à Rosny dont il baigne le château, à Vetheuil, à la Roche-Guyon, à Bonnières, à Port-Villez, en aval duquel il reçoit l'Epte. A 2 kilomètres environ de ce dernier point, la Seine sort du département de Seine-et-Oise, après un parcours de 114 kilomètres depuis Épinay, pour entrer dans le département de l'Eure.

A Paris, la Seine débite, à l'étiage, 45 mètres cubes, c'est-à-dire 45,000 litres d'eau, par seconde, dans son état moyen, 250 mètres cubes et, dans ses grandes crues, jusqu'à 1,400 mètres cubes (juillet 1615), soit *un million quatre cent mille litres* ou plus de trente fois son volume d'étiage. Quoique sujet à des crues rapides qui peuvent élever son niveau à plus de 6 mètres au-dessus de l'étiage, ce fleuve est celui de France qui nuit le moins par ses inondations aux campagnes riveraines.

D'Épinay à sa sortie du département de Seine-et-Oise, la Seine compte un grand nombre d'îles qu'elle inonde en partie dans les grandes eaux. Plusieurs de ces îles ont une longueur de près

de 5 kilomètres. Elles se suivent à peu de distance ou même
se croisent par leurs extrémités et sont couvertes d'une belle
végétation. Les bassins que forme le fleuve dans ses longs
détours varient d'aspect à chaque instant par leurs différentes
orientations et par le relief accidenté de leurs bords. La navigation de la Seine est d'une grande importance et tend à s'ac-
croître chaque jour.

Au sortir du département de Seine-et-Oise, le fleuve baigne
le département de l'Eure, où il passe à Vernon et devant Gaillon, les Andelys et Louviers ; en amont de Pont-de-l'Arche, il
reçoit l'Eure, au-dessous de laquelle la marée commence à se
faire sentir ; touche à Pont-de-l'Arche et entre dans le département de la Seine-Inférieure, où il arrose Elbeuf, traverse
Rouen, puis, décrivant de grandes sinuosités, vient baigner la
Bouille, Duclair, Caudebec ; il devient un grand estuaire entre
Quillebœuf et Tancarville et se jette dans la Manche, entre
Honfleur et le Havre, par une embouchure large de 10 kilomètres.

La Seine reçoit dans le département de Seine-et-Oise :

1° A Corbeil (rive gauche, 52 mètres d'altitude), l'*Essonne*,
rivière qui entre dans le département à 2 kilomètres au sud
d'Argeville (75 mètres d'altitude) et parcourt 40 kilomètres du
sud au nord. A la hauteur du Bouchet (47 mètres), l'Essonne
reçoit la *Juine*, qui coule du sud au nord entre la limite du département et Chamarande, puis à l'est, sur un parcours total
de 40 kilomètres. Ces deux rivières conservent beaucoup d'eau
en été et desservent un grand nombre d'usines ; on remarque
surtout la poudrerie du Bouchet sur la Juine, la papeterie d'Essonne et les minoteries de Corbeil sur l'Essonne.

L'*École*, qui prend sa source dans Seine-et-Marne, entre
dans le département de Seine-et-Oise à la hauteur d'Oncy, et
en sort, après un parcours de 12 kilomètres, à la hauteur de
Soisy-sur-École. Elle dessert de nombreux moulins.

2° A Mons (rive gauche), l'*Orge*, qui prend sa source dans
le département, à 8 kilomètres à l'ouest de Dourdan, et parcourt
47 kilomètres du sud-ouest au nord-ouest. L'Orge reçoit, sur sa

rive droite, la *Renarde* ou *rivière de Souzy* (5 kilomètres) ; sur sa rive gauche, la *Remarde* (29 kilomètres), que grossissent la *Rabette* (6 kilomètres), la *Prédecelle* (16 kilomètres) et le *ruisseau de Courson* ; l'*Yvette* (23 kilomètres), où se jette le ruisseau des Vaux-de-Cernay, et plusieurs petits cours d'eau. L'Orge et ses affluents desservent beaucoup de moulins.

3° A Villeneuve-Saint-Georges (rive droite), l'*Yères*, qui, venue du département de Seine-et-Marne, parcourt 17 kilomètres dans Seine-et-Oise, en décrivant des sinuosités nombreuses et desservant un certain nombre de moulins. Le *ruisseau du Réveillon* (8 kilomètres) se jette dans l'Yères près de l'ancienne abbaye d'Yères.

La *Bièvre*, qui prend sa source dans le département à 3 kilomètres à l'est de l'étang de Saint-Quentin, y coule sur une longueur de 17 kilomètres, alimente un grand nombre d'usines et passe dans le département de la Seine un peu en amont d'Antony.

Le *Crould* (7 kilomètres) prend sa source dans le département, au Thillay, et s'augmente de quelques fontaines qui jaillissent entre ce point et Louvres. Il reçoit à Arnouville le *Rosne* (15 kilomètres) ; à Dugny, la *Morée* (12 kilomètres), puis sort du département de Seine-et-Oise et, après un parcours total de 12 kilomètres, va se jeter dans la Seine à Saint-Denis, en se joignant au *Rouillon*.

4° A 1 kilomètre en aval de Conflans-Sainte-Honorine (rive droite), l'**Oise**, rivière canalisée (cours total 302 kilomètres), qui prend sa source près de Séloignes (Belgique), traverse le département de l'Aisne, où elle baigne la Fère, le département de l'Oise, où elle passe à Pont-l'Évêque, reçoit l'Aisne, touche Compiègne, Pont-Sainte-Maxence, Creil, puis, entrée dans Seine-et-Oise au confluent de la Thève, coule dans une vallée étroite et profonde, passe à Beaumont, à l'Isle-Adam, à Pontoise, à Éragny, et fait un grand détour avant de se jeter dans la Seine. — L'Oise reçoit : à la hauteur de Beaumont, l'*Esches* (8 kilomètres, dont 1,500 mètres dans le département) ; à Mours, le *ru de Presles* (8 kilomètres) ; à la hauteur de Champagne, le

Intérieur de la machine actuelle de Marly.

ru du Bois (4 kilomètres); à Jouy-le-Comte, le *ru du Grand-Val*; à Valmondois, le *Saùsseron* (17 kilomètres); vis-à-vis de Cordeville, le ruisseau de la *Fontaine du Four* (7 kilomètres); à Pontoise, le *ru d'Ennery* (4 kilomètres) et la *Viosne* (26 kilomètres, dont 5 dans le département de l'Oise). La navigation de l'Oise est importante : cette rivière et ses affluents desservent beaucoup d'usines.

5° A Meulan (rive droite), l'*Aubette de Meulan* (15 kilomètres), grossie du *ruisseau de Guiry* (5 kilomètres) et du *ru de Montcient* (14 kilomètres).

6° A la Sangle (rive gauche, en face de Meulan), le *ru Plat* ou l'*Orgeval* (13 kilomètres).

7° Un peu en amont de Gargenville (rive gauche), la *Mauldre* (30 kilomètres), où se jettent le *ru de Gally* (19 kilomètres) et le *ru Maldroit* (9 kilomètres).

8° A Mantes (rive gauche), la *Vaucouleurs* (20 kilomètres), qui reçoit le *ru de Prunay* (7 kilomètres) et la *rivière de Montchauvet* (9 kilomètres).

9° Près de la limite du département (rive droite), l'**Epte** (cours total, 85 kilomètres), qui prend sa source dans le département de la Seine-Inférieure, coule dans une large et profonde vallée et côtoie le département de Seine-et-Oise, qu'elle sépare de celui de l'Eure sur une longueur de 30 kilomètres. — Dans ce parcours, l'Epte reçoit, sur sa rive gauche, en amont de Saint-Clair, le *Cudron* (9 kilomètres) et, à la hauteur de Saint-Remy, l'*Aubette* (14 kilomètres) grossie du *ru de Chaussy*.

La **Marne**, rivière canalisée (cours total 494 kilomètres), prend sa source à Balesmes, dans le département de la Haute-Marne, à 381 mètres d'altitude, coule au pied de la montagne de Langres, à Chaumont, à Joinville et à Saint-Dizier, entre dans le département de la Marne, baigne Vitry-le-François, reçoit le canal de la Marne au Rhin, touche Châlons, reçoit le canal de l'Aisne à la Marne, passe entre Reims et Ay, à Épernay, entre dans le département de l'Aisne, touche Château-Thierry, Meaux, Lagny, et atteint le département de Seine-et-Oise à Gournay (34 mètres d'altitude) ; elle le traverse, sur une longueur de 6 kilomètres, jusqu'à Neuilly-sur-Marne et le côtoie, sur 3 kilomètres, à l'ouest de Chennevières, puis entre dans le département de la Seine pour se jeter dans la Seine à Charenton-le-Pont. Sa navigation est très-importante.

Les seuls cours d'eau qui, dans le département de Seine-et-Oise, ne soient pas affluents à la Seine et appartiennent au bassin de l'Eure sont : 1° la *Droue* (15 kilomètres) et le *ru de Poigny* (12 kilomètres), qui, descendant de la forêt de Rambouillet et coulant de l'est à l'ouest, vont former, près d'Épernon, la *Drouette*, qui se jette dans l'Eure en aval de Maintenon ; 2° la *Vesgre* (cours total, 59 kilomètres dont 20 dans le département), qui descend aussi de la forêt de Rambouillet, coule du sud-est au nord-ouest, passe à Houdan et va se jeter dans l'Eure à Ivry-la-Bataille. A Grambois, la Vesgre reçoit le ruisseau des *Petits-Quentins* (15 kilomètres), venu des étangs de Saint-Hubert, et, à Houdan, l'*Obton* (8 kilomètres) qui coule du sud au nord.

Canaux. — Le *canal de l'Ourcq* traverse la zone orientale du département de Seine-et-Oise sur une longueur d'environ 8 kilomètres. Le *canal de Chelles*, plus au sud, n'a dans le département qu'une longueur de 3,700 mètres.

Étangs. — Au nord de la Seine, le seul étang est celui de *Saint-Gratien* ou *lac d'Enghien* (67 hectares) ; au midi du fleuve, nous citerons les étangs de *Saint-Quentin* (187 hectares), de *Trou-Salé* (56 hectares), de *Saclay* (70 hectares), de *Saint-Hubert* (200 hectares).

IV

Climat.

Le département de Seine-et-Oise appartient au climat *séquanien*, dont, par suite de sa position centrale, il présente en quelque sorte la moyenne. L'hiver y est moins froid que dans les zones est et nord et plus froid que dans celle de l'ouest ; l'été, moins chaud que dans les contrées plus voisines des Vosges, est plus chaud que dans celles du nord et de l'ouest. Aux observations météorologiques instituées à Versailles depuis plus de vingt ans par M. le docteur Bérigny, viendront s'ajouter avec le temps celles des stations plus récentes. La température moyenne de Versailles ne paraît pas différer sensiblement de celle de Paris. Pour le reste du département, à défaut d'observations thermométriques permettant d'établir une moyenne, la géographie botanique semble prouver que la *température* est, du moins en été, plus basse dans le nord que dans le sud du département. On sait, en effet, que la limite nord de Seine-et-Oise coïncide à peu près avec celle de la culture en grand de la vigne, et que si des conditions d'exposition, de sol, etc., permettent d'obtenir des produits plus ou moins satisfaisants sur des points intermédiaires, on ne peut, au nord de Pontoise, faire du vin comme dans l'arrondissement d'Étampes. Il est donc très-probable que la température de l'été est plus élevée dans cette dernière zone.

L'eau de *pluie* ou de *neige* tombée à Versailles en dix ans (1853-1862) est en moyenne annuelle de 551 millimètres 30; la quantité maxima, 649 millimètres 04, correspond au mois de juin; la quantité minima, 211 millimètres 28, répond au mois de février. — Les *brouillards*, fréquents dans la vallée de la Seine, en automne et en hiver, se montrent plus rarement sur les plateaux. — Le *vent* dominant est celui du sud-ouest, qui souffle pendant un tiers de l'année. Les vents du nord-est et du nord viennent en seconde ligne. — Le nombre annuel des orages varie de 12 à 20, dont un peu plus de moitié en été. Le 18 juin 1839, une trombe ravagea les environs de Châtenay, au nord-ouest de Louvres, arrondissement de Pontoise.

V

Curiosités naturelles.

Le département de Seine-et-Oise est un des plus riches en sites riants et en charmants paysages, mais la hauteur peu consi-

dérable des collines et la pente insensible des rivières ne se prê-
tent pas aux scènes grandioses. Les bords de la Seine entre Paris et le département de l'Eure sont à bon droit renommés
pour la beauté des lignes, le charme et la variété des aspects.
Nous avons parlé plus haut de Montmorency, de la vallée de
l'Oise, de celles de la Bièvre, de l'Yvette, et de l'ancien Hurepoix, qui doit tant à ses rochers de grès et à ses bois. Les deux

Ruines de l'église des Vaux-de-Cernay.

buttes de Bâville, isolées de toutes parts à leur base, sont, dans
cette dernière contrée, l'accident de terrain et le site le plus
curieux par la nature du sol couvert de rochers et de beaux
pins ; de leurs sommets on a de charmantes échappées de vue
entre les arbres. On remarque aussi, dans la vallée de l'Orge,
la belle *fontaine de la Rachée*, près de Saint-Évroult. Les
Vaux-de-Cernay, près de Cernay-la-Ville, méritent une vi-
site. C'est un beau ravin dont les rochers, les cascatelles et la
végétation luxuriante attirent les paysagistes.

VI

Histoire.

Les *Parisii*, sur les bords de la Seine, les *Vellocasses*, dans le
Vexin, les *Carnutes*, du sud à l'ouest, les *Sénonais*, du sud à

Ancien château de Montlhéry.

l'est, sont les plus anciens possesseurs du sol dont l'histoire
fasse mention pour le territoire objet de notre étude. Ils défen-

Vue à vol d'oiseau du château de Versailles, prise de l'avenue de Paris.

dirent courageusement leur patrie contre l'invasion romaine,
les Carnutes avec Vercingétorix, les autres en se faisant tuer
jusqu'au dernier, près de Lutèce, avec leur vieux chef Camu-
logène (52 ans avant Jésus-Christ).

Sous la domination romaine, les nationalités s'effacèrent;
de nouvelles délimitations partagèrent le territoire, et la langue
des conquérants nous a seule transmis les noms que portaient,
avant la conquête, les pays et les peuples. Jusqu'au IV⁰ siècle,

Salle de l'Opéra (à Versailles), aujourd'hui salle des séances de l'Assemblée nationale.

les contrées qui forment aujourd'hui le département de Seine-
et-Oise appartenaient à la *quatrième Lyonnaise* ou *Sénonie*.

Au II⁰ et au III⁰ siècle, saint Nicaise et saint Denis apportè-
rent le christianisme dans cette partie de la Gaule. Le premier
fut martyrisé à Meulan ou, suivant d'autres historiens, à Gany-
sur-Epte.

Sur la fin du III⁰ siècle, les barbares envahirent et ravagè-
rent la Gaule, dont une faible partie seulement resta soumise

Château de Saint-Germain, restauré par M. Millet.

aux Romains. En 355, Julien y fut envoyé comme gouverneur par Constance, se fixa à Lutèce, battit les Germains à plusieurs reprises et gouverna paisiblement la Gaule celtique pendant quelques années. En 486, Clovis, à la tête des Francs Saliens, vint ravir tout à la fois aux Germains et à Rome ce pays qui prit le nom de ses nouveaux maîtres en leur imposant sa croyance.

Après la mort de Clovis, Childebert, un de ses quatre fils, eut en partage, avec la royauté de Paris, les contrées qui forment notre département, et dont, à partir de cette époque, la plupart des villes commencèrent à figurer dans l'histoire. L'Ile-de-France devint alors un champ de bataille que se disputèrent les souverains de la Neustrie et de l'Austrasie. Toutefois, au milieu de la guerre et de ses horreurs, un pouvoir, non moins absolu que celui des rois mais plus débonnaire, s'étendait sur les peuples de ce territoire. Les abbayes de Saint-Denis et de Saint-Germain-des-Prés, fondées et dotées par les rois de l'Ile-de-France, voyaient s'ajouter à leurs possessions celles dont les leudes ou seigneurs s'empressaient de les enrichir à l'exemple du maître. Au VIIIe siècle, l'abbaye de Saint-Germain possédait une grande partie des territoires de la rive gauche de la Seine. Palaiseau (*Palatiolum*), Verrières, Jouy-en-Josas, la Celle-les-Bordes, Gagny, Épinay-sur-Orge, la Celle-Saint-Cloud, Ville-neuve-Saint-Georges, Morsang et d'autres domaines lui appartenaient. L'abbaye de Saint-Denis s'étendait sur une grande partie du Vexin qu'un édit de Charlemagne devait bientôt lui inféoder. Le territoire était alors divisé administrativement en cantons ou *pagi*. C'étaient, outre le *pagus Castrensis* ou canton de Chastres (Arpajon) qui fut depuis le Hurepoix, le *pagus Pisciacensis* (Poissy), le *pagus Madriacensis* (Madrée ou Méré), le *pagus Stampensis* (Étampes), etc.

Lors du partage de l'empire de Charlemagne, l'Ile-de-France échut à Charles le Chauve et, à partir de cette époque, elle fut ravagée par les invasions incessantes des Normands, jusqu'au traité de Saint-Clair-sur-Epte, par lequel, en 911, Charles le Simple leur abandonna la Normandie et le Vexin normand.

Le régime féodal ne se constitua sur aucun point plus fortement que dans l'Ile-de-France. Les comtes du Vexin, de Madrie, de Meulan et de Corbeil, les barons de Montmorency, de Montfort-l'Amaury et de Montlhéry étaient autant de petits souverains sans cesse en litige ou en guerre entre eux et souvent contre leur suzerain. L'histoire du pays de Seine-et-Oise, pour cette période, est celle des fiefs compris dans son territoire. Plus tard et jusqu'à notre temps, pour les faits géné-

La Malmaison sous le Consulat.

raux comme les croisades, l'émancipation des communes, les guerres étrangères ou civiles, etc., cette contrée ne se distingue pas du reste de la France, dont elle partage les destinées.

Versailles, au XIe siècle, était un petit village appartenant à l'abbaye de Saint-Magloire de Paris ; en 1627, Louis XIII y fit construire un « chétif château » dont on sait ce que fit Louis XIV. Ce roi y mourut ainsi que Louis XV. Louis XVI y signa en 1783 le traité dit *Paix de Versailles*, par lequel l'Angleterre reconnaissait l'indépendance des États-Unis. En 1788 a lieu la seconde assemblée des Notables, puis se succèdent en 1789 les États généraux, l'Assemblée nationale, le serment du Jeu-de-Paume, etc.; enfin, dans les journées des 5 et 6 octobre, le peuple de Paris envahit le château et ramène de force à Paris le roi et sa famille. Presque abandonné depuis lors, le château de Versailles fut restauré par Louis-Philippe, qui le transforma en musée historique. En 1870 et 1871, Versailles a été le quartier général des Allemands pendant le siége de Paris. Enfin, c'est dans cette ville que le gouvernement de la République s'établit, après avoir quitté Bordeaux, et qu'il concentra ses troupes pour combattre l'abominable insurrection de la Commune.

Poissy vit en 868 une assemblée des prélats et des grands du royaume, convoquée par Charles le Chauve; saint Louis y fut baptisé et, en 1561, Catherine de Médicis y provoqua les discussions religieuses du *Colloque de Poissy*.

Saint-Germain-en-Laye fut, dès le XIIe siècle, un séjour des souverains. Louis le Gros, saint Louis, François Ier, Charles IX, Henri IV y construisirent ou y habitèrent des demeures, détruites les unes par la guerre, les autres par le temps ou le caprice. Louis XIII y mourut, Louis XIV y naquit et y trouva un refuge avec sa mère Anne d'Autriche pendant la Fronde. Plus tard il habita le château, puis l'abandonna pour Versailles. La veuve de Charles Ier, puis Jacques II, y reçurent l'hospitalité. Enfin, ce château devint tour à tour une école de cavalerie, une caserne, un pénitencier. Il est maintenant consacré à un musée d'antiquités nationales.

Saint-Cloud abonde en souvenirs historiques. Un des fils de Clodomir s'y fit moine pour échapper à la mort et lui donna son nom de Clodowald. François Ier et Henri II y résidèrent souvent; Henri III y fut assassiné par Jacques Clément en 1589 et Henri IV y fut reconnu roi. Louis XIV y bâtit, pour son frère le duc d'Orléans, un palais où moururent Henriette d'Angleterre, Monsieur et la princesse Palatine. Le Régent y reçut Pierre le Grand en 1717; le 19 brumaire an VIII, Bonaparte acheva son coup d'État de la veille en dispersant le

Corps législatif assemblé dans l'Orangerie du château. Blücher en fit son quartier général en 1815 et la capitulation de Paris y fut signée le 5 juillet ; enfin Charles X y signa, le 24 juillet 1830, les ordonnances qui lui coûtèrent le trône. Le château de Saint-Cloud a été incendié, le 14 octobre 1870, après le combat de Châtillon, par les Allemands qui, à la suite des combats du 21 octobre 1870 et du 19 janvier 1871, mirent le feu à la ville et la détruisirent systématiquement.

Pontoise.

Montlhéry. Son château, redoutable à l'époque féodale, interceptait alors les communications des rois de France avec le fief d'Étampes. Saint Louis et sa mère, fuyant devant une insurrection des seigneurs du royaume, s'y réfugièrent. En 1560, les Anglais l'occupaient au moment du traité de Brétigny, et Louis XI livra bataille sous ses murs au comte de Charolais.

Étampes existait au VIᵉ siècle. Plusieurs conciles y furent assemblés du Xᵉ au XIIᵉ siècle. Elle eut à souffrir des Armagnacs et des Bourguignons. Louis XI s'empara du comté d'Étampes, Anne de Bretagne en hérita, François Ier l'érigea en duché et le donna à Anne de Pisseleu, duchesse d'Étampes. Démantelée sous Henri IV, cette ville fut à moitié détruite par Turenne en 1652.

Mantes, qui existait au ixe siècle, fut prise et détruite, en 1087, par Guillaume le Conquérant, qui s'y blessa mortellement. Elle rappelle les souvenirs de Philippe Auguste qui y mourut, de Mayenne, d'Henri IV et de Gabrielle d'Estrées, d'Anne d'Autriche, de Louis XIV enfant et de Mazarin.

Pontoise, *Briva Isaræ* de l'itinéraire d'Antonin, faisait partie du *Pagus Wulcassinus*, pays des Vellocasses et, plus tard, province du Vexin. Saint Louis y résida, les États généraux y siégèrent en 1561 ; Henri III, Louis XIV et Mazarin s'y réfugièrent ; enfin, en 1720 et 1775, le Parlement fut transféré à Pontoise.

Montmorency a les souvenirs de Jean-Jacques Rousseau et de Grétry, qui habitèrent l'ermitage construit par madame d'Épinay.

Rambouillet. François Ier mourut dans le château en 1547 ; Catherine de Médicis et Charles IX y vinrent attendre l'issue de la bataille de Dreux en 1562 ; Henri III s'y réfugia en 1585 après la journée des Barricades. Enfin Charles X y arriva le 31 juillet 1830, et en partit le 5 août pour aller s'embarquer à Cherbourg.

VII

Personnages célèbres.

Parmi les hommes célèbres nés dans le département de Seine-et-Oise, nous citerons :

Robert de Luzarches (xiiie siècle), architecte.

Philippe de Villiers de l'Isle-Adam (1464-1534), grand-maître de l'ordre de Saint-Jean-de-Jérusalem.

Sully (Maximilien de Béthune, duc de), né à Rosny (1560-1641), un des plus grands ministres qu'ait eus la France.

PHILIPPE DE MORNAY, seigneur du Plessis-Marly, né à Buhy (1549-1625), surnommé le *pape des huguenots*.

QUESNAY, né à Méré (1694-1774), médecin, économiste.

L'ABBÉ DE L'ÉPÉE, né à Versailles (1712-1789), célèbre instituteur des sourds-muets.

HOUDON, né à Versailles (1741-1828), statuaire.

HOCHE, né à Montreuil près de Versailles (1768-1797), l'un des plus illustres généraux de la République.

Château de Rambouillet.

BERTHIER, prince DE NEUCHATEL, né à Versailles (1753-1815).

CHARLES-EMMANUEL LECLERC, né à Pontoise (1772-1802), général commandant de l'expédition de Saint-Domingue.

ÉTIENNE GEOFFROY-SAINT-HILAIRE, né à Étampes (1772-1844), un des plus grands naturalistes du xixᵉ siècle.

DAGUERRE, né à Cormeilles (1789-1851), l'un des inventeurs de la photographie.

VIII

Population, langue, culte, instruction publique.

La *population* de Seine-et-Oise s'élève, d'après le recensement de 1872, à 580,180 habitants (315,711 du sexe masculin, 264,469 du sexe féminin). A ce point de vue c'est le douzième département. Le chiffre des habitants divisé par celui des hectares donne plus de 100 habitants par 100 hectares ou par kilomètre carré; c'est ce qu'on appelle la *population spécifique*. La France entière ayant environ 70 habitants par kilomètre carré, Seine-et-Oise renferme donc, à surface égale, 30 habitants de plus que l'ensemble de notre pays.

Depuis 1866, le département de Seine-et-Oise a gagné 46,453 habitants; il en avait, en 1872, 158,645 de plus qu'en 1801, date du premier recensement officiel.

La *langue* française est la seule en usage dans ce département.

Le *culte* catholique est de beaucoup le plus en usage dans Seine-et-Oise, où l'on compte 570,657 catholiques, 5142 protestants et 538 israélites.

Le nombre des *naissances* a été en 1872 de 15,400 (dont 492 mort-nés; celui des décès de 12,415; celui des mariages de 5046.

La vie moyenne est de 38 ans 4 mois.

Le *lycée* de Versailles comptait, en 1873, 801 élèves; les *colléges communaux* de Pontoise et d'Étampes, 236; 25 *institutions secondaires libres*, 1748; 1150 écoles primaires, 74,059; 127 salles d'asile, 12,118.

Le recensement de 1866 a donné les résultats suivants :

Ne sachant ni lire ni écrire.	134,575
Sachant lire seulement.	24,461
Sachant lire et écrire.	353,617
Dont on n'a pu vérifier l'instruction.	9,656
Total de la population civile. . . .	522,309

Sur 137 accusés de crimes, en 1872, on a compté :

Accusés ne sachant ni lire ni écrire.   30
  —   sachant lire ou écrire imparfaitement. . .   23
  —   sachant bien lire et bien écrire.   34
  —   ayant reçu une instruction supérieure à
     ce premier degré.   50

                  Total.   137

IX

Divisions administratives.

Le département de Seine-et-Oise forme le diocèse de Versailles (suffragant de Paris); — la 2e subdivision de la 1re division militaire (Paris) du 1er corps d'armée (Paris); — il ressortit : à la Cour d'appel de Paris, — à l'Académie de Paris, — à la 1re légion de gendarmerie (Paris), — à la 1re inspection des ponts-et-chaussées, — à la 1re conservation des forêts (Paris), — à l'arrondissement minéralogique de Paris (division du nord-ouest), — à la 2e région agricole (nord). — Il comprend : 6 arrondissements (Versailles, Corbeil, Étampes, Mantes, Pontoise, Rambouillet), 94 perceptions, 36 cantons et 685 communes.

Chef-lieu du département : VERSAILLES, 61,686 habitants.

Chef-lieux d'arrondissement : VERSAILLES, 61,686 h. ; CORBEIL, 6,016 h. ; ÉTAMPES, 7,789 h. ; MANTES, 5,697 h. ; PONTOISE, 6,480 h. ; RAMBOUILLET, 4,725 h.

Arrondissement de Versailles (10 cant.; 114 comm.; 84,751 hect.; 237,641 h.).
   Cantons nord, sud et ouest de Versailles (14 comm.; 11,692 hect; 75,254 h.). *Canton nord :* Versailles, 61,686 h. — Viroflay, 1,057 h. — *Canton sud :* Buc, 543 h. — Jouy-en-Josas, 1322 h. — Les Loges-en-Josas, 3,044 h. — Velizy, 2,064 h. — *Canton Ouest :* Bois-d'Arcy, 443 h. — Le Chesnay, 1,849 h. — Fontenay-le-Fleury, 573 h. — Guyancourt, 636 h. —

Montigny-le-Bretonneux, 538 h. — Rocquencóurt, 2,252 h. — Saint-Cyr-l'École, 2,677 h. — Trappes, 918 h.

Canton d'Argenteuil (11 comm. ; 7,804 hect. ; 22,116 h.). — Argenteuil, 8,389 h. — Bezons, 1,350 h. — Cormeilles-en-Parisis, 1,548 h. — Carrières-Saint-Denis, 1,193 h. — La Frette, 439 h. — Herblay. 1,699 h. — Houilles, 1,256 h. — Montesson, 1,579 h. — Montigny-lez-Cormeilles, 577 h. — Sannois, 2,489. — Sartrouville, 1,697 h.

Canton de Marly-le-Roi (16 comm. ; 12,375 hect. ; 20,106 h.). — Marly-le-Roi, 1,250 h. — Bailly, 372 h. — Bougival, 2.086 h. — La Celle-Saint-Cloud, 560 h. — Chavenay, 519 h. — Les Clayes, 283 h. — L'Étang-la-Ville, 378 h. — Feucherolles, 635 h. — Louveciennes, 3,091 h. — Noisy-le-Roi, 655 h. — Plaisir, 1,265 h. — Port-Marly, 748 h. — Rennemoulin, 49 h. — Rueil, 8,216 h. — Saint-Nom-la-Bretèche, 785 h. — Villepreux, 570 h.

Canton de Meulan (20 comm. ; 12,616 hect. ; 12,527 h.). — Meulan, 2,540 h. — Aubergenville, 479 h. — Aulnay-sur-Mauldre, 508 h. — Bazemont, 589 h. — Boaufle, 829 h. — Chapet, 374 h. — Ecquevilly, 528 h. — Evecquemont, 306 h. — Flins, 841. — Gaillon, 290 h. — Hardricourt, 259 h. — Herbeville, 140 h. — Mareil-sur-Mauldre, 240 h. — Maule, 1,350 h. — Mezy, 475 h. — Montainville, 335 h. — Les Mureaux, 1,250 h. — Nézel, 365 h. — Tessancourt, 304 h. — Vaux, 1,164 h.

Canton de Palaiseau (17 comm. ; 12,137 hect. ; 11,297 h.). — Palaiseau, 1,949 h. — Bièvres, 908 h. — Bures, 389 h. — Châteaufort, 564 h. — Igny, 802 h. — Gif, 694 h. — Nozay, 284 h. — Orsay, 1,297 h. — Saclay, 410 h. — Saint-Aubin, 120 h. — Toussus-le-Noble, 47 h. — Vauhallan, 303 h. — La Ville-du-Bois, 1,004 h. — Verrières-le-Buisson, 1,118 h. — Villebon, 699 h. — Villejust, 462 h. — Villiers-le-Bâcle, 250 h.

Canton de Poissy (17 comm. ; 14,230 hect. ; 17,714 h.). — Poissy, 5,047 h. — Les Alluets-le-Roi, 442 h. — Andrésy, 942 h. — Carrières-sous-Poissy, 612 h. — Chanteloup, 696 h. — Conflans-Sainte-Honorine, 1,822 h. — Crespières, 640 h. — Davron, 226 h. — Maurecourt, 426 h. — Médan, 177 h. — Morainvilliers, 673 h. — Orgeval, 1,350 h. — Thiverval, 512 h. — Triel, 2,266 h. — Verneuil, 600 h. — Vernouillet, 773 h. — Villennes, 430 h.

Canton de Saint-Germain-en-Laye (11 comm. ; 10,151 hect. ; 36,206 h.). — Saint-Germain-en-Laye, 22,862 h. — Achères, 715 h. — Aigremont, 179 h. — Chambourcy, 771 h. — Chatou, 3,194 h. — Croissy, 1,804 h. — Fourqueux, 359 h. — Maisons-sur-Seine, 3,330 h. — Mesnil-le-Roi, 720 h. — Mareil-Marly, 364 h. — Le Pecq, 1,908 h.

Canton de Sèvres (8 comm. ; 3,746 hect. ; 41,018 h.). — Sèvres, 7,096 h. — Chaville, 2,310 h. — Garches, 1,235 h. — Marnes-la-Coquette, 7,728 h. — Meudon, 12,037 h. — Saint-Cloud, 8,956 h. — Vaucresson, 362 h. — Ville-d'Avray, 1,294 h.

Arrondissement de Corbeil (4 cant. ; 95 comm. ; 64,004 hect. ; 71,217 h.).

Canton de Corbeil (25 comm. ; 64,004 héct. ; 23,766 h.). — Corbeil,

6,016 h. — Auvernaux. 195 h. — Ballancourt, 1,160 h. — Bondoufle, 252 h. — Champcueil, 635 h. — Chevannes, 298. h. — Le Coudray-Monceaux, 513 h. — Courcouronnes, 198 h. — Echarcon, 350 h. — Essonnes, 4,705 h. — Etiolles, 371 h. — Evry-sur-Seine, 957 h. — Fontenay-le-Vicomte, 511 h. — Lisses, 487 h. — Mennecy, 496 h. — Morsang-sur-Seine, 152 h. — Nainville, 130 h. — Ormoy, 260 h. — Ris-Orangis, 990 h. — Saint-Germain-lez-Corbeil, 526 h. — Saint-Pierre-du-Perray, 341 h. — Saintry, 555 h. — Soisy-sous-Etiolles, 930 h. — Tigery, 347 h. — Villabé, 513 h.

Canton d'Arpajon (19 comm.; 14,208 hect.; 15,177 h.). Arpajon, 2,822 h. — Avrainville, 262 h. — Brétigny, 1,093 h. — Bruyères-le-Châtel, 688 h. — Cheptainville, 516 h. — Egly, 353 h. — Guibeville, 55 h. — Leudeville, 355 h. — Leuville, 752 h. — Linas, 1,141 h. — Marolles-lez-Arpajon, 474 h. — Montlhéry, 2,012 h. — La Norville, 461 h. — Ollainville, 514 h. — Saint-Germain-lez-Arpajon, 561 h. — Saint-Michel-sur-Orge, 724 h. — Saint-Vrain, 821 h. — Vert-le-Grand, 755 h. — Vert-le-Petit, 790.

Canton de Boissy-Saint-Léger (25 comm.; 16,856 hect.; 17,441 h.). Boissy-Saint-Léger, 764 h. — Boissy-Saint-Antoine, 235 h. — Brunoy, 1,794 h. — Chennevières-sur-Marne, 800 h. — Crosne, 372 h. — Draveil, 1,513 h. — Epinay-sous-Senard, 308 h. — Limeil-Brévannes, 460 h. — Mandres, 785 h. — Marolles-en-Brie, 225 h. — Montgeron, 1,667 h. — Noiseau. 134 h. — Ormesson, 96 h. — Périgny, 353 h. — La Queue-en-Brie, 559 h. — Quincy, 208 h. — Santeny, 598 h. — Sucy-en-Brie, 1,072 h. — Valenton, 587 h. — Varennes, 265 h. — Vigneux, 170 h. — Villecresnes, 642 h. — Villeneuve-Saint-Georges, 1,627 h. — Villiers-sur-Marne, 990 h. — Verres, 718 h.

Canton de Longjumeau (24 comm.; 15,106 hect.; 15,833 h.). — Longjumeau, 2,301 h. — Ablon, 490 h. — Athis-Mons. 910 h. — Ballainvilliers, 565 h — Champlan, 528 h. — Chilly-Mazarin, 341 h. — Epinay-sur-Orge, 1,309 h. — Fleury-Mérogis, 235 h. — Grigny, 488 h. — Juvisy-sur-Orge. 834 h. — Longpont, 604 h. — Massy, 1,144 h. — Morangis, 375 h. — Morsang-sur-Orge. 574 h. — Paray, 44 h. — Le Plessis-Pâté, 285 h. — Sainte-Geneviève-des-Bois, 519 h. — Saulx-les-Chartreux, 969 h. — Savigny-sur-Orge, 1.255 h. — Villemoisson, 322 h. — Villeneuve-le-Roi, 478 h. — Villiers-sur-Orge, 185 h. — Viry-Châtillon, 541 h. — Wissous, 741 h.

Arrondissement d'Étampes (4 cant.; 69 comm.; 88,018 hect. : 59,761 h.

Canton d'Étampes (14 com.; 22,075 hect.; 15,850 h.). — Étampes, 7,789 h. — Boissy-le-Sec, 608 h. — Boutevilliers, 204 h. — Bouville, 464 h. — Brières-les-Scellés, 346 h. — Chalô-Saint-Mars, 951 h. — Chauffour, 81 h. — Étrechy, 1,201 h. — Mauchamp, 113 h. — Morigny-Champigny, 905 h. — Ormoy-la-Rivière, 359 h. — Saint-Hilaire, 207 h. — Souzy-la-Briche, 152 h. — Villeconin, 490 h.

Canton de la Ferte-Alais (18 com.; 16,473 hect.; 9,071 h.). — La

Ferté-Alais, 862 h. — Auvers-Saint-Georges, 947 h. —. Baulne, 475 h.
— Boissy-le-Cutté, 329 h. — Bouray, 700 h. — Boutigny, 751 h. —
Cerny, 882 h. — Chamarande, 342 h. — D'Huison, 319 h.— Guigneville,
197 h. — Itteville, 750 h. — Lardy, 680 h. — Mondeville, 468 h. —
Orveau, 119 h. — Torfou, 186 h. — Vayres, 280 h. — Videlles, 598 h.
— Villeneuve-sur-Auvers, 386 h.
  Canton de Méréville (20 com.; 20,226 hect.; 8,694 h.). — Méréville,
1,564 h.— Abbeville, 294 h.— Angerville, 1,555 h.— Arrancourt, 95 h.
— Blandy, 245 h. — Bois-Herpin, 85 h. — Boissy-la-Rivière, 268 h.—
Chalou-Moutineux, 467 h. — Congerville, 176 h. — Estouches, 158 h.
— Fontaine-la-Rivière, 122 h. — La Forêt-Sainte-Croix, 187 h. —
Guillerval, 549 h. — Marolles, 220 h. — Monnerville, 350 h. — Pussay,
1,118 h. —Roinvilliers, 120 h. — Saclas, 738 h. — Saint-Cyr-la-Rivière,
280 h. — Thionville, 102 h.
  Canton de Milly (17 com.; 21,244 hect.; 8,149 h.). — Milly, 2,281 h.
— Boigneville, 450 h. — Brony, 208 h. — Bruno-Bonnevaux, 372 h. —
Champmotteux, 282 h. — Courances, 346 h. — Courdimanche, 139 h. —
Dannemois, 486 h. — Gironville, 307 h. — Maisse, 908 h. — Mespuits,
250 h.— Moigny, 560 h. — Oncy, 193. h.— Prunay-sur-Essonnes, 131 h.
— Prunay-le-Marais, 231 h. — Soisy-sur-École, 589 h. — Valpuiseaux,
416 h.

  Arrondissement de Mantes (5 cant.; 125 com.; 87,695 hect.; 14,462
hab.).
  Canton de Mantes (23 com.; 13,122 hect.; 56,122 h.). — Mantes, ·
5,697 h. — Andelu, 155 h. — Arnouville, 549 h. — Auffreville, 239 h.
— Boinville, 245 h. — Boinvilliers, 222 h. — Breuil-Bois-Robert, 302 h.
— Buchelay, 319 h. — Épône, 846 h. — La Falaise, 213 h. — Flacourt,
83 h. — Gassicourt, 541 h. — Goussanville, 252 h. — Guerville, 764 h.
— Jumeauville, 420 h.— Magnonville, 143 h. — Mantes-la-Ville, 932 h.
—Mézières, 869 h.— Rosay, 304 h.— Rosny, 708 h.— Soindres, 223 h·
— Vert, 339 h. — Villette, 317 h.
  Canton de Bonnières (27 com.; 17,987 hect.; 10,076 h.). — Bonnières,
839 h.— Bennecourt, 815 h.— Blaru, 795 h. — Boissy-Mauvoisin, 429 h.
— Bréval, 590 h. — Chauffour, 214 h. — Cravent, 240 h. — Favrieux,
106 h. — Fontenay-Mauvoisin, 192 h. — Freneuse, 559 h. — Gomme-
court, 511 h. — Jeufosse, 338 h. — Jouy-Mauvoisin, 107 h. — Limetz,
701 h. — Lommaye, 436 h. — Menerville, 109 h. — Méricourt, 158 h. —
Moisson, 587 h. — Mousseaux, 248 h. — Neauphlette, 278 h. — Perdreau-
ville, 365 h. —Port-Villez, 262 h. — Rolleboise, 248 h. — Saint-Illiers-
la-Ville, 199 h. — Saint-Illiers-le-Bois, 344 h. — Le Tertre-saint-Denis,
109 h. — La Villeneuve-en-Chevrie, 506 h.
  Canton de Houdan (30 com.; 23,065 hect.; 12,270 h.). — Houdan,
2,027 h. — Adainville, 735 h. — Bozainville, 499 h. — Boissets, 234 h.
— Bourdonné, 748 h. — Civry-la-Forêt, 250 h. — Condé, 441 h. —
Courgent, 148 h. — Dammartin, 600 h. — Dannemarie, 92 h. — Flins-
neuve-Eglise, 109 h. — Gambais, 975 h. — Grandchamp, 182 h. — Gres-

sey, 377 h. — Hargeville, 134 h. — La Hauteville, 303 h. — Longues, 801 h. — Maulette, 281 h. — Mondreville, 181 h. — Montchauvet, 345 h. — Mulcent, 78 h. — Orvilliers, 422 h. — Osmoy, 188 h. — Prunay-le-Temple, 203 h. — Richebourg, 579 h. — Saint-Martin-des-Champs, 260 h. — Septeuil, 1,050 h. — Le Tartre-Gaudron, 26 h. — Thionville-sur-Opton, 32 h. — Tilly, 368 h.

Canton de Limay (17 com.; 12,793 hect.; 7,791 h.). — Limay, 1,333 h. — Brueil, 277 h. — Drocourt, 231 h. — Follainville, 618 h. — Fontenay-Saint-Père, 640 h. — Gargenville, 637 h. — Guernes, 489 h. — Guitrancourt, 302 h. — Issou, 291 h. — Jambville, 270 h. — Juziers, 824 h. — Lainville, 279 h. — Montalet-le-Bois, 158 h. — Oinville, 727 h. — Porcheville, 222 h. — Sailly, 186 h. — Saint-Martin-la-Garenne, 507 h.

Canton de Magny (28 com.; 19,904 hect.; 11,523 h.). — Magny, 1,966 h. — Aincourt, 413 h. — Ambleville, 446 h. — Amenucourt, 227 h. — Arthies, 265 h. — Arthieul, 306 h. — Banthelu, 182 h. — Blamécourt, 325 h. — Bray-et-Lû, 288 h. — Buhy, 296 h. — La Chapelle, 184 h. — Charmont, 53 h. — Chaussy, 823 h. — Chérence, 253 h. — Genainville, 371 h. — Haute-Isle, 158 h. — Hodent, 211 h. — Maudétour, 180 h. — Montreuil-sur-Epte, 317 h. — Omerville, 459 h. — La Roche-Guyon, 605 h. — Saint-Clair-sur-Epte, 545 h. — Saint-Clair-en-Arthies, 171 h. — Saint-Gervais, 690 h. — Vétheuil, 587 h. — Vienne, 301 h. — Villiers-en-Arthies, 575 h. — Wy-Joli-Village, 366 h.

Arrondissement de Pontoise (7 cant.; 165 com.; 111,310 hect.; 108,432 h.).

Canton de Pontoise (17 com.; 12,672 hect.; 17,129 h.). — Pontoise, 6,480 h. — Auvers-sur-Oise, 1,720 h. — Boisemont, 250 h. — Boisserie-l'Aillerie, 557 h. — Cergy, 926 h. — Courdimanche, 431 h. — Ennery, 501 h. — Eragny, 412 h. — Génicourt, 218 h. — Jouy-le-Moutier, 697 h. — Menucourt, 405 h. — Neuville, 443 h. — Osny, 506 h. — Pierre-laye, 959 h. — Puiseux, 182 h. — Saint-Ouen-l'Aumône, 2,056 h. — Vauréal, 406 h.

Canton d'Ecouen (22 com.; 12,335 hect.; 11,310 h.). — Écouen, 1,259 h. — Allainville, 346 h. — Baillet, 241 h. — Bouffémont, 347 h. — Bouqueval, 126 h. — Chatenay, 69 h. — Damont, 1,208 h. — Ézanville, 150 h. — Fontenay-lez-Louvres, 512 h. — Maffliers, 417 h. — Marcel-en-France, 437 h. — Le Mesnil-Aubry, 376 h. — Moisselles, 365 h. — Monsoult, 534 h. — Piscop, 326 h. — Le Plessis-Gassot, 75 h. — Puiseux-lez-Louvres, 189 h. — Saint-Brice, 812 h. — Sarcelles, 1,682 h. — Villaines, 95 h. — Villiers-le-Bel, 1,735 h. — Villiers-le-Sec, 209 h.

Canton de Gonesse (23 com.; 18,444 hect.; 20,043 h.). — Gonesse, 2,526 h. — Arnouville-lez-Gonesse, 594 h. — Aulnay-lez-Bondy, 627 h. — Le Blanc-Mesnil, 128 h. — Bonneuil, 335 h. — Clichy-sous-Bois, 182 h. — Coubron, 252 h. — Gagny, 1,755 h. — Garges, 560 h. — Gournay-sur-Marnes, 126 h. — Goussainville, 546 h. — Livry, 1,792 h. — Mont-fermeil, 1,003 h. — Neuilly-sur-Marne, 2,500 h. — Noisy-le-Grand,

1,248 h. — Le Raincy, 2,341 h. — Roissy, 826 h. — Sevran, 365 h. — Le Thillay, 555 h. — Tremblay 755 h. — Vaud'herland, 56 h. — Vaujours, 1,102 h. — Villepinte, 271 h.

Canton de l'Isle-Adam (23 com.; 16,570 hect.; 15,949 h.). — L'Isle-Adam, 2,660 h. — Beaumont-sur-Oise, 2,392 h. — Bernes, 181 h. — Bruyères, 335 h. — Champagne, 660 h. — Frouville, 288 h. — Hédouville, 294 h. — Hérouville, 301 h. — Jouy-le-Comte, 775 h. — Labheville, 512 h. — Livilliers, 228 h. — Méreil, 553 h. — Méry-sur-Oise, 1,390 h. — Mours, 120 h. — Nerville, 384 h. — Nesles-la-Vallée, 825 h. — Nointel, 232 h. — Persan, 1,240 h. — Presles, 1,203 h. — Ronquerolles, 378 h. — Vallangoujard, 403 h. — Valmondois, 375 h. — Villiers-Adam, 420 h.

Canton de Luzarches (22 com.; 15,124 hect.; 10,554 h.). — Luzarches, 1,566 h. — Asnières-sur-Oise, 1,019 h. — Bellefontaine, 220 h. — Belloy, 750 h. — Chaumontel, 393 h. — Chennevières-lez-Louvres, 179 h. — Epiais-lez-Louvres, 88 h. — Épinay-Champlâtreux, 128 h. — Fosses, 226 h. — Jagny, 213 h. — Lassy, 484 h. — Louvres, 1,011 h. — Marly-la-Ville, 774 h. — Noisy-sur-Oise, 360 h. — Le Plessis-Luzarches, 153 h. — Saint-Martin-du-Tertre, 700 h. — Saint-Witz, 75 h. — Seugy, 261 h. — Survilliers, 543 h. — Vémars, 460 h. — Viarmes, 1,207 h. — Villeron, 224 h.

Canton de Marines (37 com.; 27,048 hect.; 13,074 h.). — Marines, 1,542 h. — Ableiges, 327 h. — Arronville, 524 h. — Avernes, 519 h. — Le Bellay, 171 h. — Berville, 251 h. — Bréançon, 538 h. — Brignancourt, 84 h. — Chars, 915 h. — Cléry, 267 h. — Commeny, 288 h. — Condécourt, 300 h. — Cormeilles-en-Vexin, 794 h. — Courcelles, 160 h. — Épiais-Rhus, 466 h. — Frémainville, 588 h. — Frémécourt, 235 h. — Gadancourt, 108 h. — Gouzangrez, 177 h. — Grizy-les-Plâtres, 486 h. — Guiry, 115 h. — Haravilliers, 584 h. — Le Heaulme, 127 h. — Longuesse, 214 h. — Ménouville, 84 h. — Montgeroult, 231 h. — Moussy, 116 h. — Neuilly-Marines, 194 h. — Nucourt, 364 h. — Le Perchay, 208 h. — Sagy, 620 h. — Santeuil, 175 h. — Séraincourt, 510 h. — Théméricourt, 274 h. — Theuville, 174 h. — Vigny, 460 h. — Ws ou Us, 574 h.

Canton de Montmorency (21 com.; 9,117 hect.; 20,396 h.). — Montmorency, 3,494 h. — Andilly, 507 h. — Bessancourt, 802 h. — Béthemont, 190 h. — Chauvry, 309 h. — Deuil, 1,932 h. — Eaubonne, 530 h. — Enghien-les-Bains, 1,422 h. — Ermont, 1,065 h. — Franconville, 1,500 h. — Frépillon, 397 h. — Groslay, 1,030 h. — Margency, 195 h. — Montlignon, 652 h. — Montmagny, 662 h. — Plessis-Bouchard, 244 h. — Saint-Gratien, 1,202 h. — Saint-Leu, 1,630 h. — Saint-Prix, 474 h. — Soisy-sous-Montmorency, 777 h. — Taverny, 1,582 h.

Arrondissement de Rambouillet (6 cant.; 119 com.; 132,559 hect.; 66,977 h.).

Canton de Rambouillet (17 com.; 31,717 hect.; 12,593 h.). — Rambouillet, 4,725 h. — Auffargis, 477 h. — La Boissière, 555 h. — Les Breviaires, 360 h. — Emancé, 396 h. — Les Essarts-le-Roi, 766 h. — Gambaiseuil, 62 h. — Gazeran, 645 h. — Hermeray, 780 h. — Mittainville, 375 h. — Orcemont, 306 h. — Le Perray, 740 h. — Poigny, 444 h. — Raizeux, 531 h. — Saint-Hilarion, 511 h. — Saint-Léger-en-Yvelines, 710 h. — Vieille-Église, 212 h.

Canton de Chevreuse (20 com.; 15,904 hect.; 10,066 h.). — Chevreuse, 1,892 h. — Cernay-la-Ville, 504 h. — Choisel, 437 h. — Coignières, 378 h. — Dampierre, 626 h. — Élancourt, 632 h. — Jouars-Pont-Chartrain, 1,458 h. — Lévy-Saint-Nom, 289 h. — Magny-les-Hameaux, 442 h. — Maincourt, 100 h. — Maurepas, 242 h. — Mesnil-Saint-Denis, 498 h. — Milon-la-Chapelle, 164 h. — Saint-Forget, 330 h. — Saint-Lambert, 252 h. — Saint-Remy-lez-Chevreuse, 734 h. — Saint-Remy-l'Honoré, 404 h. — Senlisse, 570 h. — La Verrière, 73 h. — Voisins-le-Bretonneux, 264 h..

Canton nord de Dourdan (18 com.; 21,885 hect.; 10,066 h.). — Dourdan, 1,767 h. — Angervilliers, 366 h. — Boissy-sous-Saint-Yon, 755 h.— Bonnelles, 527 h. — Breuillet, 605 h. — Breux, 374 h. — Bullion, 795 h. — La Celle-les-Bordes, 661 h. — Longvilliers, 376 h. — Rochefort, 359 h. — Roinville, 530 h. — Saint-Chéron, 1,091 h. — Saint-Cyr-sous-Dourdan, 643 h. — Saint-Maurice, 342 h. — Saint-Sulpice-de-Favières, 255 h. — Saint-Yon, 248 h. — Sermaise, 518 h. — Val-Saint-Germain, 524 h.

Canton sud de Dourdan (22 com.; 31,538 hect.; 12,000 h.). — Ablis, 898 h. — Allainville, 326 h. — Authon-la-Plaine, 650 h. — Boinville-le-Gaillard, 364 h. — Chatignonville, 148 h. — Clairefontaine, 558 h. — Corbreuse, 506 h. — Craches, 150 h. — Granges-le-Roi, 409 h. — La Forêt-le-Roi, 422 h. — Mérobert, 422 h. — Orphin, 506 h. — Orsonville, 266 h. — Paray-Douaville, 247 h. — Ponthévrard, 194 h. — Prunay-sous-Ablis, 620 h. — Richarville, 254 h. — Saint-Arnoult, 1,326 h. — Saint-Escobille, 358 h. — Sonchamp, 1,052 h. — Saint-Martin-de-Bréthencourt, 642 h. — Sainte-Mesme, 655 h.

Canton de Limours (14 com.; 12,390 hect.; 7,081 h.). — Limours, 1,888 h. — Boullay-les-Troux, 191 h. — Briis-sous-Forges, 741 h. — Courson-l'Aunay, 153 h. — Fontenay-lez-Briis, 598 h. — Forges-les-Bains, 797 h. — Gometz-la-Ville, 297 h. — Gometz-le-Château, 396 h. — Janvry, 359 h. — Marcoussis, 1,850 h. — Les Molières, 507 h. — Pecqueuse, 249 h. — Saint-Jean-de-Beauregard, 215 h. — Vaugrigneuse, 420 h.

Canton de Montfort-l'Amaury (28 com.; 19,127 hect.; 13,041 h.). — Montfort-l'Amaury, 1,546 h. — Auteuil, 409 h. — Autouillet, 218 h. — Bazoches, 289 h. — Béhoust, 279 h. — Besnes, 804 h. — Boissy-sans-Avoir, 274 h. — Flexanville, 557 h. — Galluis-la-Queue, 1,017 h. — Garancières, 795 h. — Goupillières, 349 h. — Grosrouvres, 646 h. — Marcq, 419 h. — Mareil-le-Guyon, 199 h. — Méré, 597 h. — Les Mesnuls, 617 h. — Millemont, 185 h. — Neauphle-le-Château, 1,215 h. — Neauphle-le-Vieux, 482 h. — Orgerus, 735 h. — Saint-Germain-de-la-Grange, 158 h. — Saulx-Marchais, 226 h. — Tacoignières, 250 h. — Thoiry, 486 h.— Tremblay, 559 h. — Vieq, 197 h. — Villiers-le-Mahieu, 233 h. — Villiers Saint-Frédéric, 358 h.

X

Agriculture.

Sur les 560,346 hectares du département, on compte en nombres ronds :

Terres labourables.	330,000 hectares.
Farineux, cultures potagère, maraîchère et industrielle.	48,900
Prés.	26,000
Vignes.	10,500
Bois.	105,000

Le reste se partage entre les étangs, les emplacements de villes, de bourgs, de villages, de fermes, les surfaces prises par les routes et les chemins de fer, les cimetières, etc.

On compte dans Seine-et-Oise, 65,382 chevaux, ânes et mulets, 83,196 bœufs et vaches, 470,148 moutons, 25,728 porcs, 3,420 chèvres, 743,461 animaux de basse-cour, et 39,811 chiens. 20,712 ruches sont consacrées à l'éducation des abeilles. La fabrication du fromage, façon de *Brie*, a pris beaucoup de développement depuis quinze ans.

Seine-et-Oise est un département essentiellement agricole, et les grands progrès qu'y a faits depuis cinquante ans l'agriculture, sont dus en partie à la Société d'agriculture fondée en 1798, au Comice agricole (1834) et à l'école de Grignon (1827). La grande culture est pratiquée sur une partie notable du territoire des arrondissements de Versailles, Mantes, Pontoise, Étampes et Corbeil. La petite culture a presque partout abandonné le système des jachères.

Les principales productions du département consistent en froment, avoine, seigle, orge, fourrages, betterave, colza, pommes de terre, légumes de diverses espèces, fruits et bois. Le vin est de qualité très-inférieure et, si le voisinage de Paris maintient les vignobles d'Argenteuil, on plante moins de vigne depuis vingt ans, même dans le sud du département. Les bois occupent plus du cinquième de la surface totale de Seine-et-Oise, et cependant on n'y compte pas de grandes forêts. Les principales sont celles de Carnelle (1,000 hectares), de l'Isle-Adam (1,635 hectares), de Dourdan, de Rosny (1,950 hectares), de Montmorency (2,000 hectares), de Rambouillet (12,818 hectares), de Marly (2,254 hectares), de Sénart (2,559 hectares) et de Saint-Germain (4,597 hectares). Le chêne, le charme, le bouleau et le châtaignier sont les essences dominantes.

XI

Industrie.

Quoique principalement agricole, le département de Seine-et-Oise tient une assez grande place dans l'industrie. Les arrondissements d'Étampes, de Pontoise et de Corbeil possèdent un total d'environ 228 **moulins à farine**. Plusieurs de ces usines sont des plus remarquables pour la perfection des machines et des procédés ; c'est par elles que la minoterie française tient le premier rang.

L'exploitation des **carrières** occupe 3,525 ouvriers. On compte dans le département 1,320 carrières, dont 294 souterraines et 1,026 à ciel ouvert. On en tire de la pierre à bâtir et à chaux, de la meulière, de la pierre à plâtre, de la marne, de la craie, du grès, du sable et des cailloux, de l'argile. Il existe de plus, dans Seine-et-Oise, environ 400 *tourbières*.

Un grand nombre d'autres industries sont représentées dans le département. La **manufacture de Sèvres** produit ces admirables porcelaines que l'étranger nous envie et s'efforce vainement d'imiter ; d'autres fabriques de porcelaine usuelle existent à l'Isle-Adam et à Corbeil. Les arrondissements de Versailles, Mantes et Pontoise comptent beaucoup de plâtrières et de fours à chaux ; ceux d'Étampes, de Rambouillet, de Corbeil, fabriquent aussi de la chaux ; des tuileries et des briqueteries nombreuses fournissent partout des produits d'assez bonne qualité. Saint-Germain, Corbeil, Saint-Ouen-l'Aumône, Essonnes ont des fonderies ; Persan, des forges, une aciérie, une tréfilerie d'or et d'argent ; Argenteuil, un atelier de grosse serrurerie occupant 450 ouvriers. L'usine à zinc de Bray-Lû (Mantes) est une des plus belles de France en ce genre ; la bijouterie en faux, en fin et en acier compte plusieurs établissements

Nouvelle manufacture de porcelaine de Sèvres.

dans les arrondissements de Pontoise et de Versailles, ainsi que la fabrication des produits chimiques et du minium.

Versailles, Poissy, Sèvres ont des *imprimeries*, et celle de Corbeil est très-importante. Corbeil, Essonnes et plusieurs localités de l'arrondissement de Mantes ont des papeteries ; Versailles, Meulan, Mantes, etc., des scieries mécaniques; Mantes, Meulan, Magny, Houdan, Longjumeau, Sarcelles, Neuilly-sur-Marne, Luzarches, Pontoise, etc., des tanneries. Des distilleries, pour la plupart annexées à de grands établissements agricoles, existent en grand nombre dans les arrondissements de

Pontoise, de Versailles et de Corbeil ; des féculeries à Poissy, Gonesse, Sevran, Tremblay, Persan, Louvres, Auvers, etc. ; des sucreries, à Mareil, Gonesse, Villeron. Des *filatures* de laine, de coton et de soie existent dans tous les arrondissements ; Corbeil fabrique des châles ; la passementerie est fabriquée en quantité considérable dans les cantons d'Écouen, de Luzarches, de Palaiseau, etc. ; Dourdan, Beaumont, Luzarches font de la tabletterie en nacre et en ivoire ; Mantes a des facteurs d'instruments de musique. Une partie de ces produits innombrables compris sous le nom d'articles de Paris, fleurs artificielles, jouets, cartonnage, couverts, boutons, etc., est fabriquée dans Seine-et-Oise. Citons encore les laiteries en gros d'Épône, établissements modèles, et celles de Chars, Arronville, Cormeilles-en-Vexin, Vigny, Pontoise, Auvers, etc., qui contribuent à l'approvisionnement de Paris.

Le département de Seine-et-Oise possède deux stations d'**eaux minérales**. L'eau d'Enghien-les-Bains est fournie par cinq sources qui alimentent un établissement ; elle est froide, sulfatée ou carbonatée calcaire, et son débit varie de 269 à 618 hectolitres en vingt-quatre heures. Elle est employée surtout dans les affections des voies respiratoires et de la peau. — *Forges-les-Bains*, près de Limours, possède également un établissement de bains, qui reçoit chaque saison 250 à 300 malades. De plus, la ville de Paris y entretient un hôpital destiné à 100 enfants scrofuleux.

XII

Commerce, chemins de fer, routes.

Le département de Seine-et-Oise *exporte* des céréales, des farines, du lait, du vin, des fourrages, de la pierre à bâtir, du plâtre, et les produits nombreux de ses établissements industriels. Paris est son principal débouché.

Il *importe* de la houille, des matières premières pour une

partie de ses branches industrielles, des vins, eaux-de-vie et liqueurs, des articles de nouveauté, de librairie, d'épicerie, des bestiaux et d'autres objets de consommation.

Le département de Seine-et-Oise est traversé par 22 chemins de fer, d'un développement total de 533 kilomètres.

1° La ligne *de Paris à Saint-Germain* entre dans Seine-et-Oise près de Nanterre et parcourt, dans le département, 8 kilomètres, pendant lesquels elle dessert Rueil, Chatou, le Vésinet, le Pecq et Saint-Germain.

2° La ligne *de Paris à Argenteuil et à Ermont* (5 kilom.) entre dans Seine-et-Oise à Argenteuil et passe à Sannois.

3° La ligne *de Paris à Versailles* (rive droite) entre dans Seine-et-Oise près de Suresnes (15 kilomètres). Elle a pour stations Saint-Cloud, Sèvres, Ville-d'Avray et Viroflay.

4° La ligne *de Paris à Versailles* (rive gauche) entre dans Seine-et-Oise à Meudon (11 kilomètres). Les gares intermédiaires sont Bellevue, Sèvres, Chaville et Viroflay.

5° La ligne *de Paris à Rouen et au Havre* entre dans Seine-et-Oise près de Carrières-Saint-Denis et en sort à Port-Villez, après avoir desservi, entre autres localités, Maisons, Poissy, Triel, Meulan, Mantes et Bonnières (64 kilomètres).

6° La ligne *de Paris à Cherbourg* se détache à Mantes de celle de Rouen et sort du département de Seine-et-Oise à Neauphlette (16 kilomètres).

7° La ligne *de Paris à Dreux et à Laigle*, faisant suite à celle de Versailles, dessert Saint-Cyr, Villepreux, Plaisir-Grignon, Villiers-Neauphle, Montfort-l'Amaury, Garancières-la-Queue, Tacoignières, et sort de Seine-et-Oise près de Houdan (46 kil.).

8° La ligne *de Paris au Mans et à Brest* se détache de celle de Dreux à Saint-Cyr, dessert Trappes, la Verrière, le Perray et Rambouillet, et sort de Seine-et-Oise près d'Épernon (39 kil.).

9° La ligne *de Paris à Limours* entre dans Seine-et-Oise près d'Antony et dessert Palaiseau et Orsay (29 kilomètres).

10° La ligne *de Paris à Orléans* entre dans Seine-et-Oise à Villeneuve-le-Roi et en sort près d'Angerville. Elle dessert Longjumeau, Montlhéry, Étampes, etc. (64 kilomètres).

Parc et grande cascade de Saint-Cloud.

11° La ligne *de Paris à Tours par Vendôme* se détache de celle d'Orléans à Brétigny, dessért Arpajon, la vallée de l'Orge, Dourdan, et sort de Seine-et-Oise près d'Orsonville (41 kilomètres).

12° La ligne *de Paris à Corbeil et à Montargis* se détache de celle de Lyon à Villeneuve-Saint-Georges, passe aux gares de Draveil, Juvisy, Ris-Orangis, Évry, Corbeil, Moulin-Galant, Mennecy, Ballancourt, la Ferté-Alais, Maisse, puis sort de Seine-et-Oise à Boigneville (56 kilomètres).

13° La ligne *de Paris à Lyon* entre dans Seine-et-Oise près de Choisy-le-Roi et en sort près de Quincy (15 kilomètres).

14° La ligne *de Paris à Sucy-en-Brie*, qui sera continuée jusqu'à Brie-Comte-Robert, entre dans Seine-et-Oise près de la Varenne-Saint-Maur et parcourt 5 kilomètres dans le département.

15° La ligne *de Paris à Mulhouse* entre dans Seine-et-Oise près de Villiers-sur-Marne et en sort à 2 kilomètres à l'ouest d'Émerainville (5 kilomètres).

16° La ligne *de Paris à Strasbourg* entre dans Seine-et-Oise près de Villemomble et en sort à 2 kilomètres est de Gagny (4 kilomètres).

17° La ligne *de Paris à Laon par Soissons* entre dans Seine-et-Oise à 2 kilomètres du Bourget et en sort près de Mitry-Moiry (15 kilomètres).

18° La ligne *de Paris à Amiens et à Boulogne-sur-Mer par Creil* entre dans Seine-et-Oise près de Stains et en sort près de Survilliers. Elle dessert Écouen, Gonesse, Louvres, Marly-la-Ville et Luzarches (29 kilomètres).

19° La ligne *de Paris à Creil par Pontoise* entre dans Seine-et-Oise près d'Épinay et en sort près de Bruyères. Elle reçoit à Ermont l'embranchement de la ligne d'Argenteuil et dessert la vallée de l'Oise (40 kilomètres).

20° La ligne *de Paris à Dieppe par Neufchâtel-en-Bray* se détache de celle du Nord près de Saint-Ouen-l'Aumône et sort de Seine-et-Oise près de Chars (19 kilomètres).

21° La ligne *d'Enghien à Montmorency* a un parcours de 6 kilomètres.

22° La ligne *de Magny à Chars*, d'intérêt local, a un développement de 13 kilomètres.

Il existe en outre trois voies ferrées à traction de chevaux, l'une de Versailles à Sèvres et à Paris, la seconde de la station à la ville de Rueil et à Port-Marly, la troisième de Paris à Saint-Cloud.

Les voies de communication comptent 11,092 kilomètres, savoir :

22 chemins de fer....................		555 kil.
26 routes nationales.................		755
60 routes départementales...........		864 1/2
5,664 chemins vicinaux..... { 33 de grande communication....... 967 / 28 de moyenne communication....... 350 / 5,603 de petite communication........ 7,464 }		8,761
2 rivières navigables................		149
2 canaux.............................		50 1 2

XIII

Villes, bourgs, villages et hameaux curieux.

Adainville, canton de Houdan. ➤ Restes d'un ancien château, au hameau du Coudray.

Alluets-le-Roi, canton de Poissy. ➤ Restes d'une ancienne enceinte avec tourelles. — Église du XVIe siècle.

Ambleville, canton de Magny. ➤ Château avec beau parc, et église du XVIe siècle. — Chapelle du XIIe siècle, à Vaumias.

Andrésy, canton de Poissy. ➤ Débris d'enceinte fortifiée. — Église en partie du XIIIe siècle. — Pont suspendu sur l'Oise.

Angerville, canton de Méréville, ➤ Ruines d'un château-fort.

Argenteuil, chef-lieu de canton. ➤ Église reconstruite de nos jours dans le style roman, possédant une belle châsse, exécutée dans le style du XIIe siècle, qui contient, dit-on, la tunique de Jésus-Christ. — Beau pont nouvellement reconstruit. — Vieille tour de moulin. —Entre Argenteuil et Bezons, château du Marais. — Entre Argenteuil et Épinay, allée couverte druidique.

Arnoult (Saint-), canton de Dourdan (Sud). ➤ Dans l'église, beaux vitraux du XVIe siècle et curieuse inscription de la même époque reproduisant une charte de 1501. — Restes des anciennes murailles.

4

Arnouville, canton de Mantes. »»—→ Église fort ancienne. — Ruines d'anciens châteaux-forts.

Arnouville-lez-Gonesse, canton de Gonesse. »»—→ Château inachevé du XVIII° siècle et beau parc que traverse le Crould.

Arpajon, chef-lieu de canton. »»—→ Église (chœur du XII° siècle, nef du XV° siècle, pierres tombales des XIV°, XV°, XVI°, XVII° siècles. — Bel hôtel de ville

(1868). — Belle salle d'asile pour 250 enfants.

Arronville, canton de Marines. »»—→ Château et parc de Balincourt.

Arthies, canton de Magny.] »»—→ Église en partie fort ancienne. — Ruines d'un château-fort.

Asnières-sur-Oise, canton de Luzarches. »»—→ Château de Toutteville. — Dans un joli vallon, abbaye de Royau-

Porte et église Saint-Spire, à Corbeil.

mont, fondée par saint Louis en 1228. L'église a été détruite, mais les cloîtres, le réfectoire, admirable salle ogivale, la maison des hôtes, les cellules, la bibliothèque, la maison du prieur, etc., sont conservés.

Athis-Mons, canton de Longjumeau. »»—→ Église : chœur du XII° siècle surmonté d'un clocher roman (mon. hist.)[1],

tribune en bois sculpté du XV° siècle. — Château d'Oysonville, du XVII° siècle. — Château moderne style Louis XIV. — Château de Chaige.

Aubergenville, canton de Meulan. »»—→ Église du XV° siècle. — Châteaux d'Acosta, de la Garenne-Randon, de Cormeilles, de Montgardé.

Autouillet, canton de Montfort-

---

[1] On appelle *monuments historiques* les édifices reconnus officiellement comme présentant de l'intérêt au point de vue de l'histoire de l'art, et susceptibles, pour cette raison, d'être subventionnés par l'État.

Château de Dampierre.

l'Amaury. »»—→ Château dans un beau site, belles eaux.

Auvers-Saint-Georges, canton de la Ferté-Alais. »»—→ Église (mon. hist.) de la seconde moitié du XIII⁰ siècle.

Auvers-sur-Oise, canton de Pontoise. »»—→ Église du XIII⁰ siècle, restaurée au XVI⁰ ; chapelle du XII⁰ siècle ; tabernacle du XVI⁰ siècle.

Ballainvilliers, canton de Longjumeau. »»—→ Église du XVI⁰ siècle ; retable, confessionnal, chaire sculptée du XVI⁰ siècle ; pierre tombale ; litre funèbre extérieure. — Aile et chapelle d'un ancien château.

Ballancourt, canton de Corbeil. »»—→ Église des XII⁰ et XVI⁰ siècles. — Beau château du XVII⁰ siècle.

Banthelu, canton de Magny. »»—→ Château.

Bazemont, canton de Meulan. »»—→ Église du XII⁰ siècle. — Château de la Renaissance, restauré au XVIII⁰ siècle.

Beaumont-sur-Oise, canton de l'Isle-Adam. »»—→ Église (mon. hist.) du XIII⁰ siècle, avec clocher plus moderne.

Belloy, canton de Luzarches. »»—→ Église (mon. hist.) du XIV⁰ siècle.

Bennecourt, canton de Bonnières. »»—→ Belle église.

Bessancourt, canton de Montmorency. »»—→ Église : chœur du XIII⁰ siècle, clocher du XV⁰ siècle.

Bethemont, canton de Montmorency. »»—→ Beau château.

Bezons, canton d'Argenteuil. »»—→ Église du XV⁰ siècle. — Château avec un grand parc dessiné par Le Nôtre. — Beau pont.

Blaru, canton de Bonnières. »»—→ Tour d'un château féodal.

Boinville-le-Gaillard, canton (sud) de Dourdan. »»—→ Ancien château avec tours et fossés à Breau-sous-Nappe.

Boissière (La), canton de Rambouillet. »»—→ Beau château.

Boissy-Saint-Léger, chef-lieu de canton. »»—→ Château de Grosbois, du XVII⁰ siècle.

Bonnelles, canton (Nord) de Dourdan. »»—→ Beau château.

Bonnières, chef-lieu de canton.

»»—→ Église ancienne. — Ruines d'une tour du XI⁰ siècle, à Mesnil-Regnard.

Bouffemont, canton d'Écouen. »»—→ Château de la Chasse (XV⁰ siècle).

Bougival, canton de Marly-le-Roi. »»—→ Église (mon. hist.) du XII⁰ siècle ; clocher roman ; nef du style ogival primitif ; façade moderne ; fonts de la Renaissance.

Bouray, canton de la Ferté-Alais. »»—→ Château de Frémigny.

Bourdonné, canton de Houdan. »»—→ Beau château avec fossés.

Bouville, canton d'Étampes. »»—→ Ancien château.

Brice (Saint-), canton d'Écouen. »»—→ Clocher du XII⁰ siècle.

Briis-sous-Forges, canton de Limours. »»—→ Restes d'un château-fort où fut élevée Anne de Boleyn.

Brunoy, charmant village du canton de Boissy-Saint-Léger. »»—→ Deux viaducs du chemin de fer, sur l'Yères.

Bruyères-le-Châtel, canton d'Arpajon. »»—→ Château construit, dit-on, au XII⁰ siècle. — 2 menhirs. — Église du XI⁰ siècle.

Buc, canton (Sud) de Versailles. »»—→ Bel aqueduc construit en 1686 ; hauteur maxima, 22 mètres.

Carrières-Saint-Denis, canton d'Argenteuil. »»—→ Dans l'église, beau retable (mon. hist.) en pierre, du XII⁰ siècle. — Restes d'un château du XIII⁰ siècle.

Carrières-sous-Poissy, canton de Poissy. »»—→ Château de Champfleury ; vaste parc.

Celle-les-Bordes (La), canton (Nord) de Dourdan. »»—→ Château gothique aux Bordes.

Cernay-la-Ville, canton de Chevreuse. »»—→ Charmant vallon, dit les Vaux-de-Cernay, site agreste ; belle végétation, cascatelles. — Ruines de l'abbaye des Vaux-de-Cernay (XII⁰ siècle) ; voûtes ogivales en meulière ; colonnes, chapiteaux et contre-forts en grès ; restes du cloître (XIII⁰ et XVI⁰ siècles) ; restes de l'église du XII⁰ siècle.

Chamarande, canton de la Ferté-Alais. »»—→ Château bâti par Mansart.

Champagne, canton de l'Isle-Adam.

»»→ Église (mon. hist.) du XIIIᵉ siècle.

Champmotteux, canton de Milly. »»→ Dans l'église, tombeau de L'Hôpital (mon. hist.).

Chars, canton de Marines. »»→ Belle église (mon. hist.) du XIVᵉ siècle.

Chatou, canton de Saint-Germain-en-Laye. »»→ Église : chœur du XIIIᵉ siècle, clocher du XIIᵉ siècle.

Chaumontel, canton de Luzarches. »»→ Beau château.

Chaussy, canton de Magny. »»→ Château de Villarceau.

Chéron (Saint-), canton (Nord) de Dourdan. »»→ Sites et vues magnifiques de la vallée de l'Orge. — A 1 kil. au nord, château (XVIIᵉ siècle) et parc de Bâville ; buttes de Bâville, remarquables par leurs rochers et leurs pins. — A 3 kil. O., belle source de la Rachée. — A 3 kil. N.-O., beau château du Marais, bâti par Gabriel ; beau parc, belles eaux.

Chevreuse, chef-lieu de canton »»→ Jolie vallée de l'Yvette. — Ruines considérables de l'ancien château de la Madeleine, des XIIᵉ et XVᵉ siècles. — Église des XIIIᵉ et XVᵉ siècles.

Château d'Écouen.

Chilly-Mazarin, canton de Longjumeau. »»→ Église en partie du XIIᵉ siècle ; tableau du retable par Vouet. — Beau château.

Choisel, canton de Chevreuse. »»→ Château de Breteuil.

Clair-sur-Epte (Saint-), canton de Magny. »»→ Ruines d'un ancien château-fort.

Clayes (Les), canton de Marly-le-Roi. »»→ Église du XIIᵉ siècle.

Cloud (Saint-), canton de Sèvres. »»→ Le château, peu remarquable sous le rapport de l'architecture, mais qui contenait un grand nombre de peintures de Mignard, Le Moyne, Coypel, etc., a été incendié par les Allemands ainsi que presque toute la ville et la plupart des maisons de plaisance qui l'environnaient. Le parc (392 hectares) comprend un parc public et un parc réservé. Le premier, le plus étendu, est remarquable par ses points de vue, ses cascades, ses puissants jets d'eau. Il a beaucoup souffert des travaux de l'ennemi, qui fit sauter la lanterne de Démosthènes et rasa presque entièrement la plus grande des avenues qui y conduisaient. — Nouvelle manufacture de porcelaines de Sèvres, construite dans une dépendance du parc. — Belle église moderne, de style roman.

Conflans-Sainte-Honorine, canton de Poissy. ⤳ Ruines de deux anciennes forteresses.

Corbeil, chef-lieu d'arrondissement, sur les deux rives de la Seine. ⤳ Église Saint-Spire (mon. hist.), du XII° siècle ; trois nefs romanes, clocher de transition, chapelles des XIV° et XVI° siècles, chœur du XIV° siècle ; statue tombale du XIII° siècle. — Porte urbaine du XIV° siècle.—Beaux moulins.

Croissy, canton de Saint-Germain-en-Laye. ⤳ Près de là, hôpital de convalescentes du Vésinet, bâti en briques et pierres de taille dans le style Louis XIII, inauguré en 1859.

Cyr-l'École (Saint-), canton (Ouest)

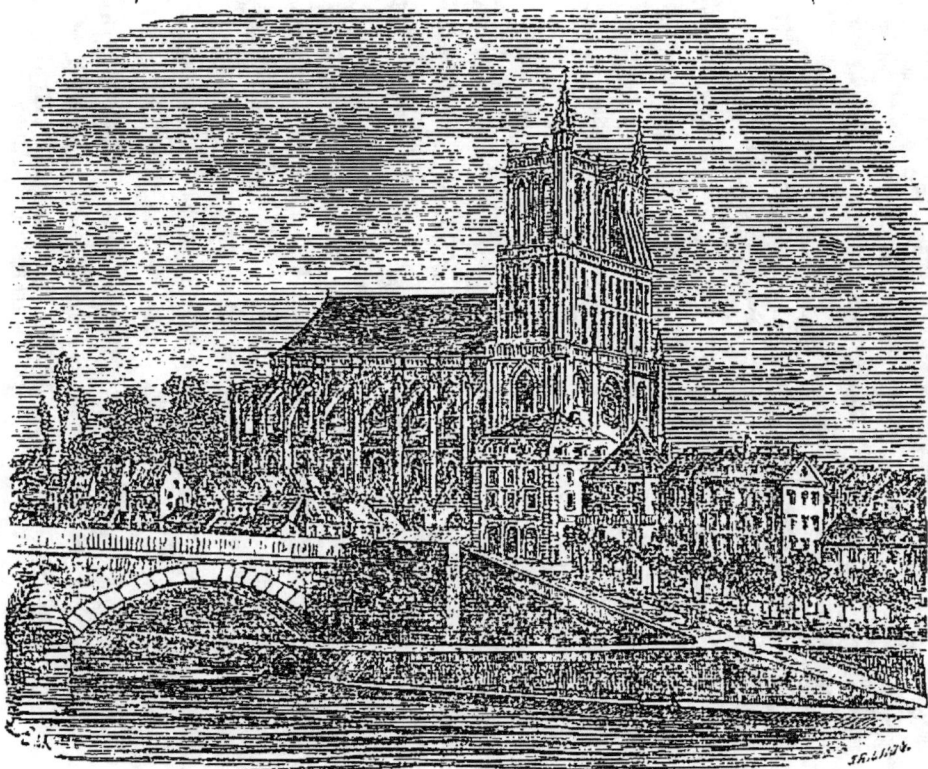

Église de Mantes.

de Versailles. ⤳ École militaire ; bâtiments d'un style simple et sévère construits par Mansart ; dans la chapelle, tombeau de madame de Maintenon, tableaux de Jouvenet, Vien, etc.

Dampierre, canton de Chevreuse. ⤳ Château bâti en grande partie au XVII° siècle sur les dessins de Mansart ; statue de Minerve en or, argent et ivoire par Simart, statue en argent de Louis XIII par Rude ; parc magnifique, belles eaux.

Deuil, canton de Montmorency. ⤳ Église (mon. hist.) des XI° et XIII° siècles ; façade moderne ; clocher du XI° siècle.

Domont, canton d'Écouen. ⤳ Église du XII° siècle (mon hist.).

Dourdan, chef-lieu de deux cantons. ⤳ Restes d'un château construit sous Philippe Auguste; tours rondes et fossés. — Église en partie du xiiiᵉ siècle, façade des xivᵉ et xvᵉ siècles, flanquée de deux tours. — Halle du xiiiᵉ siècle.

Écouen, chef-lieu de canton. ➤ Église (mon. hist.); chœur ogival du xviᵉ siècle; beaux vitraux anciens. — Beau château (mon. hist.), construit par Bullant au xviᵉ siècle; pavé de la chapelle en mosaïque; à l'autel, bas-reliefs par Bullant.

Enghien-les-Bains, canton de Montmorency, station de bains, au bord d'un étang de 50 hectares. ➤ Belle église romane, moderne. — Charmantes villas.

Épinay-Champlâtreux, canton de Luzarches. ➤ Beau château de Champlâtreux.

Épinay-sur-Orge, canton de Longjumeau. ➤ Château avec parc dessiné par Le Nôtre. — Église en partie

Porte Bardou, à Montfort-l'Amaury.

du xiiiᵉ siècle; beau vitrail du xivᵉ siècle.

Épône, canton de Mantes. ➤ Dolmen de 4 mètres de longueur. — Église du xiiᵉ siècle. — Château de Créqui.

Essonnes, canton de Corbeil. ➤ Maison de Bernardin de Saint-Pierre. — Église du xiiᵉ au xiiiᵉ siècle; beau chœur.

Étampes, chef-lieu d'arrondissement. ➤ Tour Guinette (mon. hist.), donjon de l'ancien château du xiiᵉ siècle. — Églises: Notre-Dame (mon. hist.), du xiiᵉ siècle, murs crénelés, belles portes, clocher élégant du xiiᵉ siècle, avec flèche en pierre, haute de 60 mèt.; admirables détails des portes et des fenêtres; irrégularité bizarre de l'intérieur, clefs de voûte remarquables; — Saint-Basile (mon. hist.), en partie du XIIe siècle, rebâtie au XVIe siècle; vitrail du XVIe siècle; — Saint-Martin (mon. hist.) du XIIe siècle, avec une tour du XVIe siècle, fortement inclinée par suite de tassements. — Saint-Gilles (XIIe et XVe siècles). — Hôtel de ville du temps de Louis XII. — Maisons de Diane de Poitiers, d'Anne de Pisseleu, etc., du XVIe siècle. — Statue de Geoffroy-Saint-Hilaire, par E. Robert.

Ferté-Alais ou **Aleps (La)**, chef-lieu de canton. ⁕⟶ Église (mon. hist.) et clocher du XIIe siècle; une seule nef, transsept et trois absides.

Fleury-Mérogis, canton de Longjumeau. ⁕⟶ Beau château.

Fontenay-Mauvoisin, canton de Bonnières. ⁕⟶ Ruines d'un château-fort du XIIe siècle, dit Château-Fondu.

Garches, canton de Sèvres. ⁕⟶ Hospice de la Reconnaissance, au hameau de Petit-l'Étang.

Église de Montmorency.

Gassicourt, canton de Mantes. ⁕⟶ Église (mon. hist.) en partie des XIIe et XIIIe siècles; tour carrée, abside du XIVe siècle; dans le chœur, boiseries et stalles remarquables du XVe siècle; lavabo sculpté et bas-relief très-ancien.

Geneviève-des-Bois (Sainte-), canton de Longjumeau. ⁕⟶ Donjon du XIVe siècle.

Germain-lez-Corbeil (Saint-), canton de Corbeil. ⁕⟶ Beau château. — Église, beau portail ogival.

Germain-en-Laye (Saint-), chef-lieu de canton, à l'extrémité d'un plateau élevé qui domine au loin la vallée de la Seine. ⁕⟶ Dans l'église, chaire donnée par Louis XIV, monument à la mémoire de Jacques II, fresques d'Amaury-Duval. — Pavillon Henri IV (mon. hist.), reste et ancienne chapelle du château bâti par Henri II et où naquit Louis XIV. — Le vieux château (mon. hist.), bâti par Charles V, et surtout par François Ier, sur les ruines de celui de Louis le Gros, nouvellement restauré et consacré au musée des antiquités nationales; chapelle de Saint-Louis (1240), remarquable par la disposition de ses fenêtres carrées et par sa belle rose. Terrasse construite par Le Nôtre en 1672, magnifique promenade de 2400 mètres de longueur sur 30 mètres de largeur, d'où l'on découvre un vaste panorama. Beau parterre, forêt,

Église paroissiale de Poissy.

une des plus grandes du département, où se trouvent la maison d'éducation des Loges, le château de la Muette, bâti par François Iᵉʳ, et le pavillon du Val, construit par Henri IV et réédifié par Louis XIV.

Gironville, canton de Milly. ⟶ Château de Vignay.

Gonesse, chef-lieu de canton. ⟶ Église (mon. hist.) des XIIᵉ et XIIIᵉ siècles.

Hardricourt, canton de Meulan.

»»→ Église (mon. hist.) du xii° siècle.

Haute-Isle, canton de Magny. **»»→** Restes d'un château fort et église creusée dans le roc.

Houdan, chef-lieu de canton. **»»→** Église gothique (mon. hist.); sculptures d'ornement très-curieuses. — Donjon du xii° siècle, flanqué de tourelles. — Maison en bois sculpté.

Isle-Adam (L'), chef-lieu de canton. **»»→** Église du xvi° siècle; chaire; monument funéraire du prince de Conti; Passion en bois sculpté peint et doré.

Jouars-Pontchartrain, canton de Chevreuse. **»»→** Beau château de Pontchartrain.

Léger-en-Yveline (Saint-), canton de Rambouillet. **»»→** Dolmen dit la Pierre-Ardroue.

Lévy-Saint-Nom, canton de Chevreuse. **»»→** Église en partie de 1557; pierre tombale du xvii° siècle; statue remarquable de la Vierge. — A (2 kil.) la Roche, ruines de l'abbaye de Notre-Dame; fondée au xii° siècle; dalles tumulaires; statues et tombes de la famille de Lévis; belles stalles du xiii° siècle.

Limay, chef-lieu de canton. **»»→** Église romane (mon. hist.), tour carrée du xii° siècle; fonts du xiii° siècle; pierres tombales, dont une avec inscription en hébreu.

Limeil-Brévannes, canton de Boissy-Saint-Léger. **»»→** Château avec parc dessiné par Le Nôtre; beau site.

Limours-en-Hurepoix, chef-lieu de canton. **»»→** Dans l'église, beaux vitraux du xvi° siècle.

Linas, canton d'Arpajon. **»»→** Église des xiii° et xiv° siècles; tableau de Ph. de Champaigne.

Longjumeau, chef-lieu de canton. **»»→** Église des xiii° et xiv° siècles, joli portail du xv° siècle. — Châteaux modernes d'Engeval, avec sculptures provenant de Notre-Dame de Corbeil; du Val-Saint-Éloy. — A Balisy, ancienne commanderie de Malte.

Longpont, canton de Longjumeau. **»»→** Église (mon. hist.) de l'abbaye du xi° siècle; il en reste une très-curieuse nef romane, dont le mur de fa-

çade est percé d'une belle porte ogivale. — Château moderne.

Louveciennes, canton de Marly-le-Roi. **»»→** Pavillon de madame Dubarry, construit par Ledoux.

Louvres, canton de Luzarches. **»»→** Église Saint-Justin, du xi° siècle; deux portails, l'un roman, l'autre du xv° siècle. — Tour de l'église de Saint-Rieul (mon. hist.), du xiii° siècle.

Luzarches, chef-lieu de canton. **»»→** Église (mon. hist.) du xii° et du xiii° siècles.

Magny-en-Vexin, chef-lieu de canton. **»»→** Église du xv° siècle; baptistère de la Renaissance; monument funéraire de Villeroy (1617).

Magny-les-Hameaux, canton de Chevreuse. **»»→** Dans l'église, pierres tombales provenant de l'abbaye de Port-Royal, dont les ruines sont près de là.

Maisons-sur-Seine ou **Laffite,** canton de Saint-Germain-en-Laye. **»»→** Magnifique château (mon. hist.).

Mantes, chef-lieu d'arrondissement. **»»→** Église Notre-Dame (mon. hist.), des xiii° et xiv° siècles, surmontée de deux tours élégantes; magnifique portail orné de sculptures, belle rose avec vitraux anciens. — Tour, reste de l'église Saint-Maclou, du xiv° siècle. — Fontaine (mon. hist.) de l'Hôtel-de-Ville. — Maisons du xvii° siècle. — Beau pont.

Mareil-en-France, canton d'Écouen. **»»→** Église (mon. hist.).

Marines, chef-lieu de canton. **»»→** Château de Sillery, du xvii° siècle.

Marly-le-Roi, chef-lieu de canton. **»»→** Abreuvoir (mon. hist.). Du château de Louis XIV il ne reste que quelques ruines informes et des mares d'eau.

Maurepas, canton de Chevreuse. **»»→** Ruines pittoresques d'un donjon cylindrique du xi° siècle.

Méréville, chef-lieu de canton. **»»→** Grand château du xvii° siècle, très-embelli sous Louis XVI; peintures de H. Robert; parc magnifique.

Mériel, canton de l'Isle-Adam. **»»→** Ancienne abbaye du Val; belles salles du rez-de-chaussée (xii° siècle), voûtées en

Bassin de Neptune (pendant les grandes eaux) à Versailles.

ogive avec nervures soutenues par des colonnes isolées; au 1er étage, dortoir voûté en ogive et divisé en deux travées par 9 colonnes à bases et chapiteaux sculptés; galeries des xve et xviie siècles; lavoir des religieux; constructions souterraines du xiiie siècle. »»→

Meudon, canton de Sèvres. »»→ Le château, œuvre d'art assez médiocre, a été incendié par les Allemands pendant le siége de Paris. De la terrasse on découvre une vue magnifique.

Meulan, chef-lieu de canton. »»→ Église Notre-Dame, du style gothique, transformée en halle au blé.

Milly, chef-lieu de canton. »»→ Ancien château. — Jolie église du xiiie siècle. — Halles en bois du xve siècle.

Montfort-l'Amaury, chef-lieu de canton. »»→ Restes du château de Montfort (mon. hist.), des xe et xvie siècles. — Église (mon. hist.) du xiie siècle, refaite en partie au xvie siècle; beaux vitraux du xvie siècle. — Porte Bardou, qui paraît antérieure au xive siècle.

Montlhéry, canton d'Arpajon. »»→ Tumulus appelé la Motte de Montlhéry. — Ruines d'un célèbre château-fort (mon. hist.); donjon cylindrique du xiiie siècle, avec tourelle de l'escalier accolée. Porte Baudry, du xie siècle, reconstruite en 1589.

Montmorency, chef-lieu de canton. Église (mon. hist.), reconstruite au xvie siècle; restes de beaux vitraux. — Ermitage habité par J.-J. Rousseau; maison dite *Montlouis*, qu'il habita ensuite.

Morigny-Champigny, canton d'Étampes. »»→ Église (mon. hist.) des xiie et xive siècles.

Napoléon-Saint-Leu, canton de Montmorency. »»→ Dans l'église, monument érigé à Louis Bonaparte; tombeaux de Charles Bonaparte, de Louis Bonaparte et de deux de ses fils, de madame de Broc et de la maréchale Ney.

Nesles, canton de l'Isle-Adam. »»→ Église (mon. hist.) du xiie siècle, beau clocher avec flèche en pierre. — Près de la ferme de Launay, manoir du xvie siècle, qui appartint à Santeuil.

Neuilly-sur-Marne, canton de Gonesse. »»→ Asile d'aliénés de Ville-Évrard, bâti par Lequeux.

Ouen-l'Aumône (Saint-), canton de Pontoise. »»→ Ruines de l'abbaye de Maubuisson (mon. hist.); belle salle du chapitre, du xiie siècle. — Église avec portail du xie siècle. — Château : parc dessiné par Le Nôtre.

Palaiseau, chef-lieu de canton. »»→ Église ogivale; portail roman.

Poissy, chef-lieu de canton. »»→ Église Notre-Dame (mon. hist.), le plus ancien édifice roman où apparaissent les germes du style gothique; porte latérale du xve siècle; belle tour centrale du xie siècle; tour du xiie siècle sur la façade; à l'intérieur, beaux chapiteaux sculptés; autel en bois sculpté; magnifiques boiseries; groupe en pierre dans la chapelle des fonts; nombreuses pierres tombales.

Pontoise, chef-lieu d'arrondissement. »»→ Église Saint-Maclou (mon. hist.) des xiie et xvie siècles; grand portail, tour et rosace remarquables; dans la chapelle de la Passion, 8 figures en pierre de la Renaissance, représentant l'ensevelissement du Christ; autres statues en pierre; vitraux du xvie siècle; *Descente de croix* par Jouvenet. — Dans la chapelle de l'Hôtel-Dieu, *Guérison du paralytique* par Ph. de Champaigne. — Au faubourg de l'Aumône, portail d'église du xie siècle.

Rambouillet, chef-lieu d'arrondissement. »»→ Le château n'a conservé de sa construction première, au xive siècle, qu'une grosse tour ronde avec créneaux et mâchicoulis; le reste a été remanié ou reconstruit depuis le xve siècle et n'a plus de caractère. Parc de 1200 hectares enclos de murs.

Richebourg, canton de Houdan. »»→ Église (mon. hist.) du xiiie siècle.

Roche-Guyon (La), canton de Magny. »»→ Sur la hauteur, château (mon. hist.), donjon cylindrique du xiie siècle. — Château en partie moderne avec de beaux escaliers et une magnifique salle des gardes; armures, portraits et meubles historiques.

Rosny, canton de Mantes. »»→ Château de Sully; objets d'art, deux ta-

Palais de Versailles, vu du jardin.

bleaux d'Horace Vernet, meubles historiques.

Rueil, canton de Marly-le-Roi. »»—> Dans l'église, tombeaux de la famille Beauharnais. — Château de la Malmaison.

Sarcelles, canton d'Écouen. »»—> Charmante église ; chœur ogival du XIIᵉ siècle, clocher roman, façade de la Renaissance.

Savigny-sur-Orge, canton de Longjumeau. »»—> Château du XVᵉ siècle. — Château de Grand-Vaux.

Sèvres, chef-lieu de canton. »»—> Manufacture de porcelaines (V. Saint-Cloud); musée céramique.

Sulpice-de-Favières (Saint-), canton (Nord) de Dourdan. »»—> Église (mon. hist.) du XIIIᵉ siècle ; magnifiques vitraux. — Beau parc de Segrais; beaux environs.

Thiverval, canton de Poissy. »»—> Église (mon. hist.) du XIIIᵉ siècle. — Près de là, château de Grignon, du XVIIᵉ siècle; école d'agriculture.

Triel, canton de Poissy. »»—> Église du XIIᵉ siècle (mon. hist.).

Vernouillet, canton de Poissy. »»—> Église (mon. hist.) des XIIᵉ et XIIIᵉ siècles; beau clocher à flèche du XIIᵉ siècle.

Versailles, chef-lieu du département. »»—> Le château, dont la partie centrale fut élevée sous Louis XIII, que Louis XIV agrandit dans des proportions immenses et dont quelques parties sont dues à Louis XV, est remarquable par sa masse et ses proportions colossales plutôt que par le style de son architecture. En entrant dans la cour d'honneur, qui précède la cour de Marbre, on est choqué du désaccord des constructions. L'ancien château semble écrasé au milieu des vastes édifices qui l'entourent. La façade sur le jardin est d'une régularité monotone, mais non sans grandeur. Le palais comprend trois corps de bâtiments principaux : une partie centrale et deux ailes. Du côté du jardin, le corps central fait saillie sur les ailes ; du côté de la place d'Armes, il est en retraite, et l'ensemble des bâtiments circonscrit la cour Royale, au fond de laquelle s'ouvrent la cour de Marbre, la cour des Princes et la cour de la Chapelle, séparées de la cour Royale par deux pavillons qui prolongent les ailes de l'ancien château. La partie centrale, bâtie par Louis XIII, est construite en pierres de taille et en briques dans le style des monuments de cette époque; le reste du palais présente une suite de façades et de pavillons d'une ordonnance grandiose comme ensemble. Les bâtiments sont à deux étages surmontés d'un attique avec balustrade du côté du jardin et, pour le corps central seulement, du côté de la cour ; le reste des constructions sur la cour est couronné d'un comble formant, dans sa hauteur, deux plans inclinés avec louvres et balustrade surmontée de trophées et de statues aux angles des pavillons. Des bustes, des statues et des trophées ornent aussi les façades des bâtiments sur la cour et couronnent les avant-corps du côté du jardin. Devant le palais est la vaste cour des Statues, séparée de la place d'Armes par une grille dorée et décorée de quatre groupes, de seize statues colossales en marbre et de la statue en bronze de Louis XIV. La chapelle, dernière œuvre de Mansart, s'élève à droite de la cour à laquelle elle donne son nom. Elle n'a de remarquable extérieurement que sa hauteur, qui domine le château. Du côté des jardins, une magnifique terrasse s'étend entre le château et les parterres; au midi du palais, un escalier grandiose, à trois paliers, descend à l'Orangerie et à la pièce d'eau des Suisses.

A l'intérieur, on remarque surtout : la chapelle, richement décorée et ornée de statues et de bas-reliefs; la salle de spectacle, bâtie par Gabriel (1755-1770), et qui sert depuis 1871 de salle de réunion à l'Assemblée nationale; les appartements royaux, la chambre à coucher de Louis XIV et la salle du Conseil; l'Œil-de-Bœuf, sorte d'antichambre qui doit son nom à la forme d'une de ses fenêtres; le salon, le grand Coivert et la salle des Gardes de la reine; les petits appartements du roi, de madame de Maintenon et de Marie-Antoinette; les magnifiques salons d'Hercule, de l'Abondance, de Vénus, de Diane, de Mars, de Mercure, d'Apollon, de la Guerre et de la Paix ; enfin la grande galerie des Glaces, longue de 75 mètres, peinte en 1679 par Le Brun.

Le château de Versailles, abandonné depuis 1789, a été restauré sous Louis-Philippe et converti en un musée historique consacré à *toutes les gloires de la France.*

Les *églises* Saint-Louis et Notre-Dame n'ont guère d'intéressant que les souvenirs historiques qui s'y rattachent. A l'intérieur, on remarque des peintures de l'école française, et notamment, à Notre-Dame, un Saint Vincent de Paul de Restout, et, à Saint-Louis, une Résurrection du fils de la veuve de Naïm, par Jouvenet.

Les jardins, chef-d'œuvre de Le Nôtre, contiennent un grand nombre de constructions monumentales et de groupes disposés pour l'ornement des parterres ou pour le jeu des eaux. Les plus remarquables sont la colonnade circulaire de Mansart, les bassins de Neptune, d'Apollon, de Latone et le bosquet d'Apollon.

Au palais de Versailles se rattachent ceux du Grand et du Petit-Trianon. Le premier date de 1687 ; il se compose d'un rez-de-chaussée avec deux ailes en retour d'équerre encadrant la cour. Les proportions de la façade sont élégantes. Un vestibule avec colonnes en marbre sépare la cour des parterres. Le Petit-Trianon est un simple pavillon construit par Gabriel en 1766, et plus curieux par ses souvenirs que par son architecture ; ses beaux jardins contiennent des arbres remarquables par leur rareté et par leur grosseur.

La salle du Jeu de Paume est un des grands souvenirs historiques de Versailles. — Les bâtiments du Lycée ont été élevés par la reine Marie Leczinska. — La statue de Hoche s'élève sur la place qui porte le nom de ce héros.

Vétheuil, canton de Magny. ⟫⟶ Église (mon. hist.) des XIIᵉ et XVIᵉ siècles (Renaissance) ; fonts baptismaux du XIIᵉ siècle ; belles boiseries.

Villeconin, canton d'Étampes. ⟫⟶ Ruines d'un château féodal.

Yon (**Saint-**), canton (Nord) de Dourdan. ⟫⟶ Porte à plein cintre gallo-romaine.

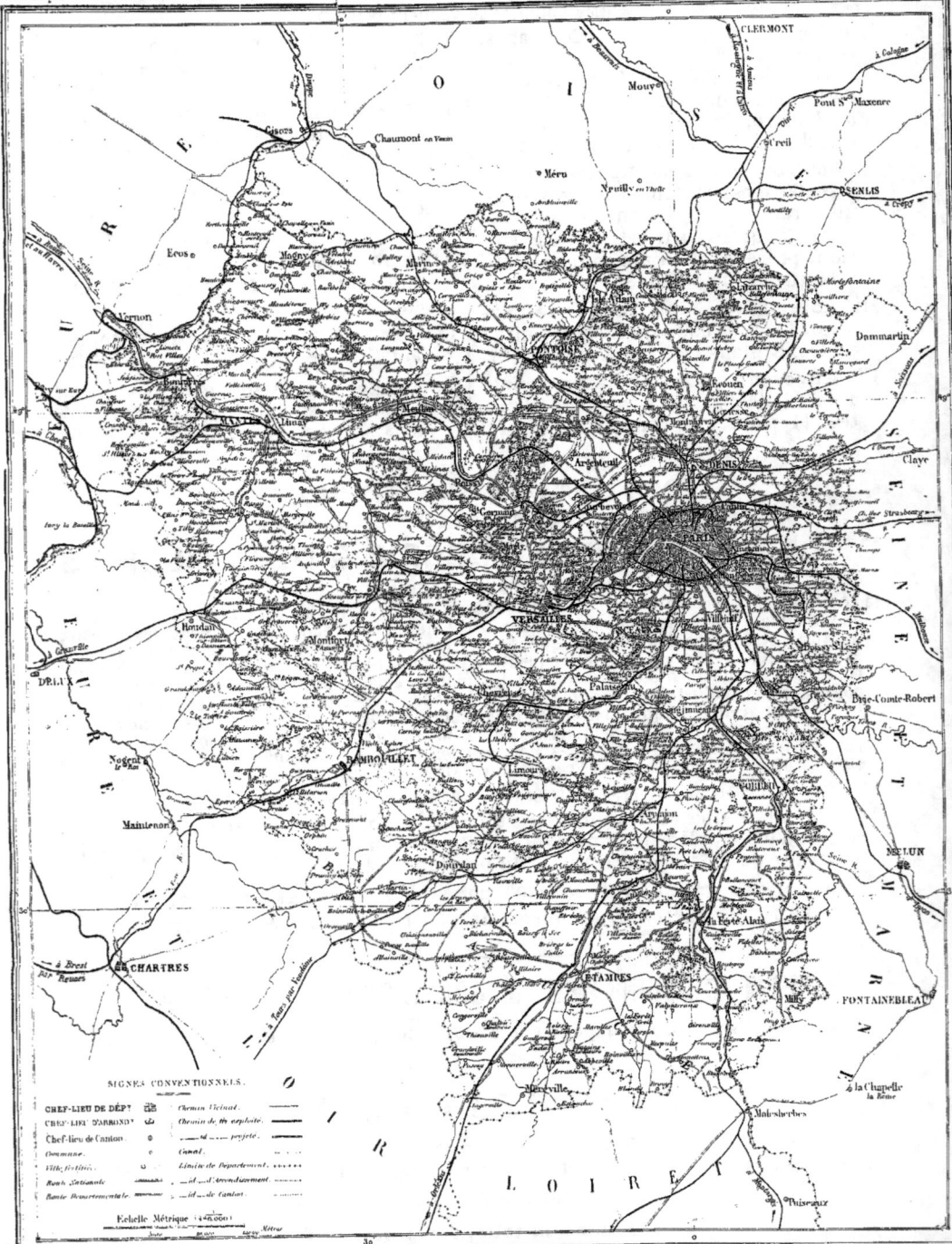

CLERMONT

à Cologne

Pont St Maxence

Gisors

Chaumont en Vexin

Creil

Méru

SENLIS

à Crépy

Neuilly en Thelle

O I S E

Mouy

Mortefontaine

Ecos

Dammartin

Magny

Marines

Vernon

PONTOISE

Rouen

DENIS

Claye

Ardevil

à Strasbourg

PARIS

VERSAILLES

Villiers

SCEAUX

Brie-Comte-Robert

Houdan

Montfort

Palaiseau

DREUX

RAMBOUILLET

Limours

CORBEIL

Nogent

MELUN

Maintenon

Dourdan

la Ferté-Alais

CHARTRES

à Brest
par Rennes

ÉTAMPES

FONTAINEBLEAU

à Tours par Vendôme

la Chapelle
la Reine

Méréville

Malesherbes

Puiseaux

L O I R E T

SIGNES CONVENTIONNELS.

CHEF-LIEU DE DÉP.^t		Chemin Vicinal.	
CHEF-LIEU D'ARROND.^t		Chemin de f.^{er} exploité.	
Chef-lieu de Canton.		.....id .....projeté.	
Commune.		Canal.	
Ville fortifiée.		Limite de Département.	
Route Nationale.		......id ....d'Arrondissement.	
Route Départementale.		......id ....de Canton.	

Echelle Métrique 1:440.000

Gravé chez Erhard, 12, r. Duguay-Trouin.

Librairie Hachette et Cie à Paris.

Paris Imp. E. Dufrenoy 31 rue du Four-St-Germain.

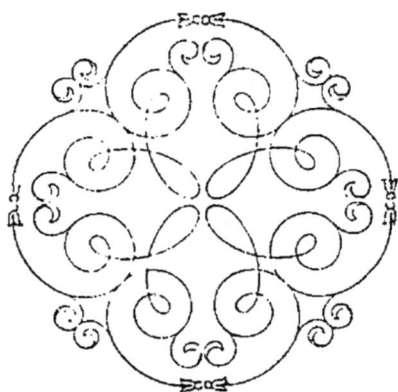

PARIS. — IMP. SIMON RAÇON ET COMP., RUE D'ERFURTH, 1.

www.ingramcontent.com/pod-product-compliance
Lightning Source LLC
LaVergne TN
LVHW022117080426
835511LV00007B/873